la felicidad
después del orden

la felicidad
después del orden

una clase magistral ilustrada sobre
el arte de organizar el hogar y la vida

marie kondo

La felicidad después del orden

Título original: *Spark Joy. An illustrated master class on the art of organizing and tyding up*

Primera edición: octubre de 2016
Segunda impresión: febrero de 2019

Edición original publicada en dos volúmenes en japonés como Jinsei ga Tokimeko Katazuke no Maho 2 e Tokimeku Katazuke no Maho por Sunmark Publishing, Inc., Tokyo, en 2012 y 2015. © 2012, 2015, por Marie Kondo
Primera edición original en inglés publicada por Teen Spreed Press, sello editorial de Crown Publishing, Penguin Random House, LLC, Nueva York. Todos los derechos reservados

D. R. © 2016, Marie Kondo

© 2016, de la presente edición en castellano para todo el mundo:
Penguin Random House Grupo Editorial, S.A.U.
© 2019, de la presente edición en castellano:
Penguin Random House Grupo Editorial USA, LLC.
8950 SW 74th Court, Suite 2010
Miami, FL 33156

www.megustaleerenespanol.com

D. R. © 2016, Valeriano Castejón Díez, por la traducción
D. R. © Betsy Stromberg, por el diseño de cubierta
D. R. © Shutterstock.com, por las imágenes de cubierta
D. R. © Masako Inoue, por las ilustraciones de contraportada e interiores
D. R. © Natsuno Ichigo, por la fotografía de la autora

ISBN: 978-1-945540-02-8

Impreso en Estados Unidos – *Printed in USA*

Penguin
Random House
Grupo Editorial

Índice

PARTE I | Los consejos maestros de KonMari

1

Cultivar nuestra sensibilidad hacia lo que nos produce felicidad   31

2

Cómo llenar nuestro hogar de felicidad 59

3

Todo lo que conviene saber sobre el modo de almacenar cosas con felicidad 79

4

Ordenando prendas de vestir   105

5
_____

Ordenar libros   **151**

6
_____

Ordenar los papeles   **159**

7

Ordenar *komono* 169

8

Ordenar objetos de valor sentimental   259

PARTE III │ Una magia que cambia la vida

9

Una casa alegre   275

10

Los cambios que se producen cuando hemos terminado de ordenar 283

Prefacio

La vida sólo empieza verdaderamente después de poner orden en la casa. Ésta es la razón de que haya dedicado la mayor parte de mi vida al estudio del orden. Y de que desee ayudar a tantas personas como me sea posible a ser ordenadas de una vez y para siempre.

Pero esto no significa que debamos deshacernos de multitud de cosas. Ni mucho menos. Sólo si sabemos elegir los objetos que nos complacen, podremos alcanzar nuestro estilo de vida ideal.

Si estamos seguros de que algo nos agrada, conservémoslo sin pensar en lo que otros puedan decir. Y aunque sea imperfecto; no importa su apariencia: si lo usamos con cariño y respeto, lo transformaremos en algo inestimable. Si repetimos este proceso de selección, nuestra sensibilidad hacia las cosas acabará siendo una fuente de felicidad. Esto no sólo acelera los pasos hacia la adquisición de un sentido del orden, sino que también afina nuestra capacidad para tomar decisiones en todos los órdenes de la vida. Cuidar bien nuestras cosas nos hace cuidar bien de nosotros mismos.

¿Qué cosas nos satisfacen personalmente? ¿Qué otras no?

La respuesta a estas preguntas nos da la pista fundamental para llegar a sentirnos receptores del regalo de la vida. Y estoy convencida de que la perspectiva que ganamos a través de este proceso es capaz de iluminar y embellecer no sólo nuestro estilo de vida, sino también nuestra vida misma.

Algunas personas me han dicho que no les quedaba casi nada tras deshacerse de las cosas que no les gustaban, y que en ese momento no sabían qué hacer. Esta reacción parece muy común cuando la gente termina de ordenar su ropa. Si esto nos ocurre, no debemos desanimarnos. Lo importante es que lo hayamos notado. La verdadera tragedia es vivir la vida entera sin nada que nos proporcione felicidad y no nos demos cuenta de ello. Desde el momento en que terminemos de ordenar nuestras cosas, podremos empezar a añadir nuevas cualidades a nuestro hogar y a nuestra vida.

Sólo dos aptitudes son necesarias para conseguir poner orden en nuestra casa: la capacidad de conservar lo que nos agrada y desechar el resto, y la capacidad de decidir dónde colocar cada cosa que hemos conservado, que será el lugar donde la colocaremos siempre.

Lo importante del orden no es decidir de qué nos deshacemos, sino más bien qué es lo que queremos conservar toda nuestra vida. Espero que la magia del orden ayude a mis lectores a crearse un futuro luminoso y agradable.

Introducción: El método KonMari

"KonMari, ¿hay alguna guía ilustrada que explique tus métodos para ordenar de la misma manera que lo haces en tus lecciones?".

No sé cuántas veces me han hecho esta pregunta. Mi respuesta ha sido siempre la misma: "No necesitas una guía, porque el éxito depende en un 90 por ciento de tu manera de pensar". Sé que no importa cuántos conocimientos pueda tener alguien: si no cambia su manera de pensar, se rendirá. Lo que trato de enseñar como consejera en materia de orden no es un simple método, sino un enfoque que haga a la gente capaz de ordenar. Y creo que para conseguir esto es necesario algo parecido a un tratamiento de choque.

Pero, al mismo tiempo, es verdad que una vez que la gente se ha comprometido a ordenar sus cosas, puede necesitar instrucciones más precisas. ¿Y qué hay más útil para quien ya ha empezado a ordenar sus cosas que un libro ilustrado? Para aquellos que todavía no se hayan comprometido, esta obra no haría sino empeorar las cosas. En este sentido, esta guía ilustrada se podría comparar con la publicación de un libro de saberes prohibidos.

Permíteme hacerte una pregunta directa: ¿estás decidido a llevar a cabo hasta el final esa tarea especial que sólo se efectúa una vez en la vida y que es la de ordenar tus cosas? Si tu respuesta es afirmativa, entonces sigue leyendo. Y aún después de culminar la tarea de poner tus cosas en orden, deberás seguir los consejos que te ofrezco para convertir tu hogar en una fuente de felicidad. Pero si tu respuesta es negativa, comienza con mi primer libro, *La magia del orden*. Si ya lo leíste pero todavía no te has decidido, vuelve a leerlo, porque alguna cosa, y probablemente una cosa mínima, te habrá hecho cambiar de opinión.

Esta edición ilustrada es una recopilación integral del método KonMari paso a paso. A las personas que hayan decidido ordenar su hogar de una vez y para siempre, les será sumamente útil, tanto como si una mano les rascara la espalda justo donde les pica; espero que la lean de principio a fin. Y a las que hayan ordenado sus cosas sólo hasta cierto punto y quieran más detalles, esta guía les servirá como una "Enciclopedia del orden". Podrán consultar las secciones que más les interesen cuando necesiten confirmar qué tareas específicas están hechas. También he incluido respuestas a muchas preguntas que me han hecho los lectores del primer libro.

Y a aquellas personas que quieran saltarse todas mis historias personales y estén impacientes por ir al grano, este libro puede bastarles.

Y ahora, ¿estás preparado? No olvides que el "dios del orden" estará siempre a tu lado si te has comprometido a seguirlo.

Las seis reglas básicas del orden

La tarea de ordenar en la que estás a punto de embarcarte no consiste en vaciar de cosas tu casa o hacer que parezca arreglada cuando vengan visitas. Consiste en ordenarla de manera que dé felicidad a tu vida y cambie para siempre.

Si la ordenas a la manera de KonMari, notarás varios cambios. Por un lado, si has culminado la tarea de ordenarla definitivamente, nunca más caerás en el desorden. También identificarás claramente las cosas que valoras y sabrás qué hacer con ellas. Serás capaz de cuidar tus pertenencias y experimentar todos los días un sentimiento de felicidad. La clave del éxito en esta tarea es ordenar de forma rápida y completa a la vez.

Después de experimentar la sensación que te produce una casa completamente ordenada en el sentido literal de la palabra, nunca querrás volver a verla desordenada y la fuerza de esa sensación te dará el poder para mantener el orden.

1. Comprometerse con el orden

El método KonMari puede parecer duro. Requiere tiempo y esfuerzo. Pero si recurriste a este libro con la intención de por lo menos empezar a ordenar en serio, te pido que sigas leyendo. Y que creas en ti. Una vez estés decidido, todo lo que necesitarás es aplicar el método de la forma correcta.

2. Imaginar el estilo de vida ideal

Piensa en el tipo de casa en el que quieres vivir y cómo te gustaría que fuera la vida en ella. En otras palabras: describe tu estilo de vida ideal. Si te gusta dibujar, haz un borrador del aspecto que tendría tu casa ideal. Si prefieress escribir, descríbela en un cuaderno de notas. También puedes recortar fotos de revistas.

Es probable que quieras empezar de inmediato, ¿verdad? Precisamente por esta razón mucha gente desiste cuando intenta ordenar. Sólo cuando imagines tu estilo de vida ideal, podrás ver con claridad por qué quieres ordenar las cosas e identificar la clase de vida que deseas vivir una vez que concluyas la tarea. El proceso de ordenar se convierte, por lo tanto, en una acción decisiva en la vida de una persona. Por eso debe tomarse en serio el estilo de vida ideal al que aspiras.

3. Aprender a desprenderse de las cosas

Una característica de las personas que parecen no terminar de ordenar nunca es que intentan guardarlo todo sin deshacerse de nada. Cuando las cosas se guardan en una casa, puede dar la impresión de estar arreglada, pero si los lugares de almacenamiento están repletos de cosas innecesarias será imposible tenerlas organizadas, y esto conducirá inevitablemente a una reincidencia.

La clave para conseguir ordenar de verdad las cosas es desechar primero algunas de ellas. Sólo podemos pensar dónde almacenar cosas, y qué cosas almacenar, una vez que hayamos decidido cuáles conservar y cuáles desechar, porque sólo entonces sabremos con exactitud qué cosas tenemos que guardar.

Pensar en dónde guardarlas o preocuparte por si caben en determinado sitio sólo te distraerá de la tarea de deshacerte de las que no necesites, y así nunca terminarás. Sería una tremenda pérdida de tiempo; por lo tanto, en vez de ello, considera toda solución de almacenamiento hallada durante el proceso de descarte como algo temporal y centra tu atención en la categoría clasificatoria siguiente. Éste es el secreto para hacer el trabajo con rapidez.

4. Ordenar por categorías, no por ubicación

Uno de los errores más comunes es ordenar habitación por habitación. Este método no funciona, porque la gente piensa que ha puesto orden cuando en realidad sólo ha cambiado las cosas de un sitio a otro o dispersado por toda la casa objetos pertenecientes a una misma categoría, con lo que es imposible tener una idea exacta de la cantidad de cosas que realmente se poseen.

El procedimiento correcto es ordenar por categorías. Esto significa ordenar todas las cosas según la categoría a la que pertenece cada una. Para ordenar, por ejemplo la categoría de prendas de vestir, el primer paso es reunir todas las prendas de la casa en un único sitio. Esto permite ver de manera objetiva y exacta cuántas hay. Ante una enorme cantidad de prendas de vestir os veréis obligados a reconocer lo mal que habéis ordenado vuestras cosas. Es muy importante tener un conocimiento exacto del volumen total de objetos de cada categoría.

5. Seguir el orden temporal correcto

Es fundamental no sólo ordenar por categorías, sino también hacerlo en el orden temporal correcto, que es este: ropa, libros, papeles, *komono* (varios)* y, finalmente, objetos de valor sentimental.

---

* Palabra japonesa que se emplea para referirse a artículos menudos, objetos varios, accesorios, partes o complementos (*N. del T.*).

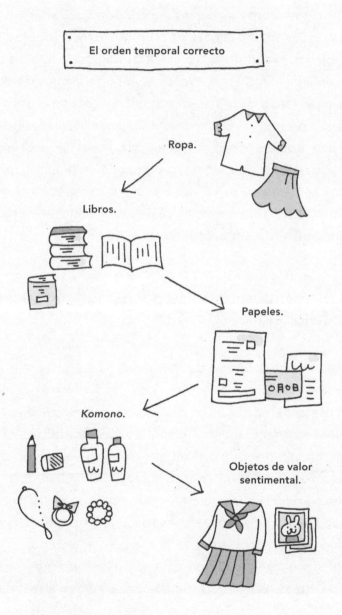

El orden temporal correcto

Ropa.

Libros.

Papeles.

Komono.

Objetos de valor sentimental.

¿Alguna vez nos hemos encontrado fotos antiguas mientras ordenábamos cosas y luego nos dimos cuenta de que habían transcurrido horas mientras nos dedicábamos a contemplarlas? Este es un error muy común e ilustra con claridad la importancia de llevar a cabo nuestra tarea en el orden temporal correcto, que está diseñado específicamente para perfeccionar la capacidad de distinguir las cosas que nos producen felicidad. La ropa es ideal para ponerla en práctica, mientras que las fotos y otros objetos de valor sentimental son el ejemplo máximo de lo que no se debe tocar hasta que dicha capacidad no se haya perfeccionado.

6. Preguntarnos si las cosas nos producen felicidad

El criterio para decidir qué conservar y qué desechar es comprobar si algo nos produce o no felicidad. Para decidirlo es importante tocarlo, y con esto quiero decir sostenerlo con firmeza con ambas manos, "como" si habláramos con él. Prestas mucha atención al modo en que responde el cuerpo cuando se hace esto. Cuando algo produce felicidad, se debe sentir alguna emoción, como si las células del cuerpo se hinchasen poco a poco. Pero cuando se sostiene algo que no produce ninguna felicidad, se notará el cuerpo más pesado.

Recordemos que no estamos eligiendo qué desechar, sino qué conservar. Conservaremos sólo aquellas cosas que nos producen felicidad. Y cuando nos deshagamos de las cosas que no la producen, no olvidemos darles las gracias antes de decirles adiós. Al despedirnos con un sentimiento de gratitud de cosas que han estado en nuestra vida, fomentamos el aprecio por nuestras cosas y el deseo de cuidarlas mejor.

NO DEJAR EL ORDEN PARA DESPUÉS DE UNA MUDANZA

Cuando me preguntan si es mejor poner orden antes o después de una mudanza, siempre digo: "¡Antes!". Aunque todavía no hayamos encontrado una nueva casa, es preciso que ordenemos la que tenemos sin demora. ¿Por qué? Porque es la casa donde ahora vivimos la que nos conducirá a la nueva casa.

A veces pienso que todas las casas deben de estar conectadas por algún tipo de red. Es como si, al ordenar correctamente una casa, ésta anunciase a esa red que cuidamos debidamente de nuestro hogar y esto atrae a otra casa. Al menos, esa es mi manera de entender esta relación.

Numerosos clientes me han contado que, una vez que habían ordenado, dieron con la casa perfecta, y las historias de cómo la descubrieron son bastante sorprendentes. Así que, si queremos encontrar una hermosa casa que sea perfecta para nosotros, cuidemos la que aún habitamos.

PARTE I

Los consejos maestros de KonMari

1

Cultivar nuestra sensibilidad hacia lo que nos produce felicidad

El acto de ordenar es enfrentarse a uno mismo; el acto de limpiar es enfrentarse a la naturaleza

"¡Esta vez voy a hacerlo! Para Fin de Año me voy a dedicar a poner orden en plan maratónico".

En Japón, el Fin de Año es tradicionalmente la ocasión para limpiar toda la casa como una preparación para el Año Nuevo (es como la "limpieza de primavera" en otros países). Cada mes de diciembre programas de televisión y artículos de revistas ofrecen consejos para la limpieza, y las tiendas exhiben en sitios bien visibles productos de limpieza y otros artículos relacionados. La gente se entrega a esta orgía de limpieza de Fin de Año en lo que parece todo un acontecimiento nacional, por lo que a veces pienso que esto debe de estar programado en el ADN de los japoneses.

Pero, cuando todo ha terminado, es sorprendente la cantidad de gente que dice: "Me puse a ordenar la casa al finalizar el año, pero no conseguí acabar para Año Nuevo". Cuando les pregunto qué hicieron, queda claro que casi todo el mundo ordenaba al tiempo que limpiaba. En otras palabras: se lanzaban a tirar cosas en las que su vista se fijaba al azar; limpiaban partes de suelos y paredes que quedaban al descubierto después de retirar montones de objetos, donaban cajas de libros y limpiaban las estanterías donde éstos se encontraban. . .

Quiero ser muy clara. Con este modo de proceder nos pasaríamos el resto de nuestras vidas ordenando cosas. Es natural que esa "limpieza de Fin de Año" termine a medio hacer. Voy a ser sincera. Durante años, mi familia y yo hicimos exactamente lo mismo, y ni una sola vez conseguimos que nuestra casa estuviera impecable antes de Año Nuevo.

Las palabras *ordenar* y *limpiar* se utilizan a menudo como sinónimos, pero son cosas completamente diferentes. Si no reconocemos esta importante verdad, nuestra casa jamás estará limpia de verdad. Para empezar, la función es diferente. El acto de ordenar se ocupa de objetos, y el de limpiar, de la suciedad. Ambos tienen por finalidad dejar limpio un espacio, pero ordenar significa mover objetos y guardarlos en determinados sitios, mientras que limpiar significa eliminar la suciedad, como hacemos cuando fregamos o barremos.

La responsabilidad por el desarreglo y el desorden recae al cien por ciento en el individuo. Las cosas no se multiplican por su propia voluntad, sino sólo cuando las adquirimos o las recibimos de otra persona. El desorden crece cuando no devolvemos los objetos al sitio que tienen asignado. Cuando una habitación se desordena "sin que nos demos cuenta", sólo nosotros somos los causantes. En otras palabras, **poner orden significa enfrentarse a uno mismo.**

En cambio, la suciedad se acumula ella sola. Es una ley de la naturaleza que el polvo y la suciedad se depositen sobre las cosas. **Limpiar significa enfrentarse a la naturaleza.** La limpieza debe hacerse con regularidad para eliminar la suciedad acumulada de forma natural. Esta es precisamente la razón por la que, durante la fiebre de Fin de Año en Japón, no se hable de "ordenar" sino de "limpiar". El secreto para conseguir limpiarlo todo es concluir antes el maratón de ordenar.

En mi libro anterior explico que un "maratón del orden" significa completar el proceso de desechar, meticulosa y rápidamente, lo que no interesa y decidir dónde guardar todo lo que se desea conservar. Todo esto sólo necesita hacerse una vez. Si se decide y se logra hacerlo, será posible concentrarse luego en la limpieza de Fin de Año. Casi siempre ocurre que los que piensan que no son buenos en la limpieza, en realidad no saben cómo poner orden. Mis clientes que han terminado de ordenar a menudo dicen que la limpieza posterior les lleva muy poco tiempo. De hecho, les gusta hacerlo, mientras que antes se sentían completamente inútiles para esta tarea.

La limpieza del templo es parte de la formación budista, pero no así poner orden en él. Con la limpieza podemos dejar nuestra mente vacía mientras nuestras manos están en movimiento, pero ordenar nos obliga a pensar en las cosas que debemos desechar, en las que debemos conservar y en qué lugares guardarlas. **Se podría decir que ordenar ordena la mente, mientras que limpiar la limpia.** Si alguien desea tener limpia su casa el día de Año Nuevo, que empiece por el maratón del orden. No importa cuánto se esfuerce, su casa nunca estará verdaderamente limpia si antes no termina de ordenarla.

Si no sabemos qué cosas nos producen felicidad, comencemos por las que nos toquen el corazón

"Siento... mmm..., felicidad... Sí, felicidad... Pero es... es algo entre la felicidad y la tristeza".

En su primera lección, mi clienta se sienta delante de una montaña de ropa. Se queda como paralizada. En una mano sostiene una camiseta blanca, y a su lado hay abierta una bolsa de basura. Vuelve a poner la camiseta en el montón y recoge un suéter gris que hay al lado. Después de mirar el montón durante diez segundos, levanta los ojos. "No sé qué 'felicidad' voy a sentir", dice finalmente.

Como sabemos, la clave de mi procedimiento es conservar sólo aquellas cosas que producen felicidad y deshacernos del resto. **¿Siente uno felicidad cuando las toca?** Mientras que algunas personas encuentran este criterio fácil de entender, muchas otras se preguntan qué significa realmente, y mis clientes no son una excepción. Cuando esto sucede, les propongo este ejercicio.

Extraiga del montón las tres prendas que más felicidad le produzcan. Tiene tres minutos para decidirlo.

En el caso descrito más arriba, mi clienta se detuvo un momento para pensar. "Las tres que más...", murmuró. Revolvió el montón, sacó cinco prendas y las colocó en fila. Tras reordenarlas varias veces, devolvió dos al montón, y justo cuando su tiempo se acababa, anunció con firmeza: "Estas son las tres, de derecha a izquierda". Ante ella había un vestido blanco con un estampado de flores verdes, un suéter de angora beige y una falda de flores azules.

"¡Así se hace!", le dije. "¡Ésas son las que más felicidad le producen!"

Me mostraba bastante seria. **La mejor manera de identificar lo que nos produce felicidad es comparar.** Al principio, a menos que nuestros sentimientos sean en blanco y negro, es difícil decidir si algo nos causa felicidad cuando lo miramos. Pero cuando lo comparamos con un montón de otras cosas, nuestros sentimientos se clarifican. Por eso es tan importante ordenar una sola categoría cada vez y empezar por la ropa.

Este método de selección de las "tres prendas" que más felicidad nos producen puede aplicarse igualmente a otras categorías. Si nos quedamos atascados en la clasificación de los libros o los artículos de nuestro *hobby*, insistamos en su aplicación. Si nos mantenemos en la misma categoría, veremos que no sólo podremos identificar los tres mejores, sino que además seremos capaces de clasificar claramente todo. Por supuesto, asignar un rango a cada objeto nos llevaría mucho tiempo, pero en cuanto hayamos elegido los diez o veinte mejores, veremos que los objetos que quedan por debajo de cierto rango han dejado de ser útiles. El descubrimiento de nuestra personal "felicidad" es un proceso fascinante.

Hay otro truco para identificar lo que nos causa felicidad cuando apenas hemos comenzado a ordenar la ropa: comenzar con la que nos ponemos cerca del corazón. ¿Adivina el lector la razón? Porque es ahí, en el corazón, no en la cabeza, donde se siente la felicidad. Cuanto más cerca esté la ropa de corazón, más fácil es de elegir. Las prendas inferiores, como pantalones y faldas, son más fáciles de elegir que los calcetines, y las superiores, como blusas y camisas, más fáciles de escoger que las inferiores. Las prendas interiores, como los bras y las camisetas de tirantes, se encuentran fácticamente más cerca del corazón, pero la mayoría de la gente no tiene referencias para una comparación adecuada. Por lo tanto, mi regla de oro es comenzar con esta selección.

Si no estamos seguros con una prenda determinada, es recomendable no sólo tocarla, sino incluso abrazarla. La diferencia en la forma de responder el cuerpo cuando se presiona la prenda contra el corazón puede ayudar a saber si esta produce alguna felicidad. Conviene tocar, abrazar y mirar de cerca toda prenda de cuya significación no estemos seguros. Como último recurso podemos también probárnosla. Si hay muchas prendas que deseemos probarnos, es muy útil hacer con ellas un montón aparte y probárnoslas una tras otra cuando hayamos terminado de seleccionar la ropa.

Al principio puede resultar difícil reconocer lo que nos causa felicidad. Una de mis clientas llegó a tardar quince minutos en decidirse con la primera prenda que escogió. Pero si vemos que tardamos demasiado tiempo, no debemos preocuparnos. Las diferencias de tiempo simplemente reflejan diferencias en la duración de la experiencia. Si al principio nos tomamos todo el tiempo que necesitemos para explorar nuestras sensaciones de felicidad, el tiempo que luego tardemos en tomar una decisión se acortará rápidamente. Así que no nos demos por vencidos. Si no cejamos en el empeño, pronto llegaremos a esa etapa.

El "podría ser útil" es tabú

Una de las preguntas más frecuentes de mis clientes es esta: "¿Qué debo hacer con las cosas que necesito aunque no me proporcionen ninguna felicidad?". Muchas personas se sienten perplejas cuando han de decidir qué hacer con las prendas de vestir puramente prácticas, como la ropa interior larga de invierno, que sólo usan en los días más fríos del año. Lo mismo ocurre cuando tratan de seleccionar herramientas, como tijeras o destornilladores.

"Esto no me emociona especialmente, pero claro, lo necesito". Esta es una frase común, y mi respuesta siempre es esta: **Si es cierto que no le causa ninguna felicidad, no dude en desprenderse de ese objeto.** Si en ese momento mi cliente dice: "Mmm, ¿por qué no? Me desharé de esto", no habrá problema. Pero lo más común es que se resista: "No, espere. Lo necesito", o "Es que lo uso a veces". Entonces le animo a que lo conserve con toda tranquilidad.

Aunque esta respuesta pueda parecer irresponsable, de hecho se basa en muchos años de experiencia. Empecé a estudiar seriamente este arte de ordenar cuando cursaba estudios secundarios. Tras pasar por una fase en la que me deshice de muchas cosas de una forma maquinal, descubrí la importancia de conservar sólo aquellas que producen felicidad, un modo de proceder que he mantenido desde entonces. He dicho adiós, al menos temporalmente, a innumerables cosas que no me producían felicidad, y para ser franca, la ausencia de un objeto desechado jamás ocasionó una catástrofe. Siempre había algo en la casa que servía como sustituto.

Por ejemplo, un día tiré un jarrón que estaba descascarillado, y al día siguiente lo eché de menos. Pero me hice un sustituto perfecto cubriendo una botella de plástico con una bonita tela. Después de deshacerme de un martillo porque el mango estaba muy gastado, usé una sartén para golpear cualquier clavo. Y cuando me deshice de unas bocinas estéreo que tenían las esquinas muy angulosas y sencillamente no me proporcionaban ninguna felicidad, los sustituí por unos audífonos.

Naturalmente, si una cosa desechada me hace mucha falta compro otra, pero cuando eso ocurre, ya no puedo comprar cualquier otra. Examino muy cuidadosamente el diseño, la sensación, la comodidad y cualquier otro factor importante para mí hasta dar con la que realmente me gusta. Y esto significa que la que elijo es la mejor, y por lo tanto algo que conservaré toda mi vida.

Ordenar es mucho más que decidir qué conservar y qué desechar. Es una oportunidad inmejorable para aprender, porque nos permite evaluar y afinar la relación que mantenemos con las cosas que poseemos y conformar el estilo de vida que más felicidad nos deparará. ¿No hace esto al acto de ordenar aún más divertido?

Pareceré bastante drástica, pero estoy convencida de que deshacernos, al menos una vez, de alguna cosa que no nos ponga precisamente alegres es la mejor manera de experimentar lo que es sentirse rodeado sólo de las cosas que nos alegra ver.

"Podría ser útil". Créeme, nunca lo será. Siempre se podrá prescindir de ello. Para quienes se lancen a un maratón del orden, esta frase es tabú.

Respecto a las cosas esenciales que no nos causan felicidad, pensemos en lo que ellas hacen por nosotros

Antes he contado que una vez sustituí un jarrón que había tirado por una botella de plástico. Era clara, irrompible, y no requería de un espacio donde guardarla. Podía destinarla sin más al reciclaje cuando no la necesitara. También podía cortarla hasta darle el tamaño que quisiera y jugar con diferentes diseños cambiando la tela que la cubría. Aunque luego compré un jarrón de cristal que me gusta mucho, todavía uso botellas cuando tengo demasiadas flores para un solo jarrón.

El uso de audífonos fue también una gran solución para mi sencillo estilo de vida. Subía el volumen lo suficiente para oír sin necesidad de colocármelos. Esto podrá horrorizar a los aficionados a la música, pero la calidad y el volumen del sonido eran para mí más que adecuados para mi habitación, y yo estaba muy contenta. Me ahorraré contar todos los nuevos placeres que he descubierto simplemente deshaciéndome de cosas.

Dicho esto, he de admitir que hubo algunas excepciones. Por ejemplo, con mi aspiradora. Me deshice de ella porque era un modelo anticuado, y entonces me puse a limpiar los suelos con toallas de papel y trapos. Pero esto me llevaba demasiado tiempo y tuve que comprar una nueva.

Y luego estaba mi destornillador. Después de tirarlo, intenté utilizar una regla para apretar un tornillo flojo, pero se partió por la mitad. Esto casi me hizo llorar, ya que era una regla que me gustaba mucho.

Todas estas incidencias fueron fruto de la inexperiencia y la ligereza juveniles. Demostraban que todavía no había perfeccionado mi capacidad de discernir lo que me producía felicidad. Engañada por la sencillez de algunas cosas, no me daba cuenta de que en realidad me gustaban. Había asumido que si algo me producía felicidad, la emoción que pudiera sentir haría que mi corazón latiera más deprisa. Ahora veo las cosas de diferente manera.

Los sentimientos de fascinación, emoción o atracción no son los únicos motivos de felicidad. **Un diseño sencillo que facilita el manejo, un grado de funcionalidad que hace la vida más sencilla, un sentido de lo correcto o el reconocimiento de que el objeto que poseemos es útil en nuestra vida cotidiana también causan felicidad.**

Si un objeto no nos produce la menor felicidad, obviamente no nos costará nada desprendernos de él. Cuando nos apena desprendernos de algo, hay tres posibles razones: el objeto una vez nos produjo felicidad, pero ya prestó su servicio; nos produce felicidad, pero no nos damos cuenta; necesitamos conservarlo independientemente de que nos produzca o no felicidad. Esta tercera posibilidad se da con los papeles de contratos, los trajes formales, la ropa de luto, diversos artículos necesarios en bodas, funerales y otras ocasiones especiales, y cosas que, si las tiramos sin permiso de otras personas, sobre todo de miembros de la familia, no sería extraño que reaccionaran con furia.

Tengo un secreto para aumentar nuestro grado de felicidad ante objetos que sabemos que necesitamos pero que no nos excitan: una ducha de elogios. Que ellos sepan que, si bien no pueden producirnos felicidad, los necesitamos de verdad.

Podemos decirles cosas como:

"¡Anda, mírate! ¡Eres una combinación estupenda! Eres de color negro azabache y suave como la seda, y complementas la línea de mi vestido sin robarle nada. ¡Qué gracia y qué elegancia! ¡Abran paso!".

¿O qué tal esto otro?:

"Querido y viejo destornillador, no puedo usarte mucho, pero cuando te necesito eres un genio. Gracias a ti fijé aquel estante en un santiamén. Además, evitaste que me estropeara las uñas. Me las habría destrozado de haberlas utilizado para girar los tornillos. ¡Y qué diseño el tuyo! Fuerte, vigoroso y frío al tacto, con un aire moderno que te hace destacar".

Aunque resulte un tanto patético sobre el papel, con un poco de exageración es más divertido. Aquí, lo esencial es esto: las cosas que necesitamos sin duda nos hacen la vida más llevadera. **Por lo tanto, debemos tratarlas como cosas que nos dan cierta felicidad.** Esta actitud nos hace aprender a identificar con exactitud incluso aquellos objetos que son puramente utilitarios como cosas que nos producen felicidad.

Uno de los temas de mis lecciones regulares es saber apreciar cada cosa que usemos. Es una forma muy eficaz de afinar nuestro juicio. Cuando algunos de mis clientes se enfrentan a objetos como utensilios de cocina me dicen en confianza que una sartén de lo más corriente o una vieja y simple batidora manual les causa felicidad. Y también todo lo contrario. Otros han descubierto que ninguna de sus ropas de trabajo les causa la menor felicidad. Cuando buscaron la razón, se dieron cuenta de que era su trabajo lo que no les emocionaba. **Así, mientras creemos que algunos objetos no nos producen ninguna felicidad, de hecho lo hacen, y la ausencia de esa felicidad representa en ocasiones a nuestra propia voz interior.** Esto demuestra lo profundo que es el lazo entre nosotros y los objetos que poseemos.

A medida que afinamos nuestro sentido de lo que nos causa felicidad mediante la tarea de ordenar, vamos conociéndonos mucho mejor a nosotros mismos. Este es el fin último de esa tarea.

Guardar disfraces y trajes de fiesta para usarlos dentro de casa

"Ver este vestido me produce felicidad, pero sé que nunca volveré a ponérmelo. Me convendría deshacerme de él, ¿verdad?", dijo mi clienta con notoria vacilación.

Seguí la dirección en que señalaba y vi un vestido azul vivo estampado de flores y con bordes dorados. Las mangas eran abultadas en los hombros, y cinco olanes adornaban la falda. Ella tenía razón. Era un tanto llamativo para el uso cotidiano.

Me explicó que se lo había puesto cuando asistía a unas clases de baile. Añadió que, aunque tuviera que volver a esas clases, no vería la oportunidad de usarlo nuevamente, porque entonces desearía un vestido nuevo.

"Siempre me emociona cuando lo miro, pero quizá deba deshacerme de él", dijo. De mala gana, tomó una bolsa de basura.

"¡Espera un minuto!", exclamé. "¿Por qué no lo guardas para usarlo en casa?".

Me miró sorprendida, y luego su expresión se tornó seria. "¿No te parece raro?". Una pregunta muy razonable.

"Pero te alegra verlo, ¿no es cierto?", la presioné.

Se quedó parada unos segundos y dijo a continuación: "Deja que me lo pruebe para ver qué hago. ¡Ahora mismo me lo pongo!". Tomó el vestido y entró en la habitación contigua. Tres minutos después se abrió la puerta y entró completamente transformada. A un lado quedaban sus informales vaqueros y su camiseta. Y no sólo lucía el vestido azul, sino que además se había puesto pendientes de oro y un adorno de flor amarilla en el pelo. Hasta se había retocado el maquillaje. Esta vez quien se sorprendió fui yo. Su transformación superó con creces mis expectativas. Mientras permanecía sentada y callada, ella se miraba al espejo y sonreía.

"No está mal, ¿verdad? Creo que voy a llevarlo durante el resto de la clase".

Éste es un ejemplo extremo, pero un porcentaje sorprendentemente alto de mis clientas tiene ropa similar. Para nombrar sólo unas pocas prendas, me he encontrado con un vestido chino, un uniforme de camarera y un traje para la danza del vientre. Cuando a mis clientas les gustan estas prendas, les cuesta desprenderse de ellas. Si les alegra verlas pero no se imaginan vistiéndolas fuera de casa, no hay razón para que no las lleven dentro de casa.

Aunque sientan un poco de vergüenza, les recomiendo que al menos lo intenten. Cuando encuentran determinado atuendo demasiado ridículo delante del espejo, pueden decidir que es el momento de desprenderse de él. Pero si se ven mucho mejor de lo que esperaban, les recomiendo seguir disfrutando de él y añadir el sabor de lo extraordinario a la vida normal. Y que no se olviden antes de avisar a su familia.

Cuando nos ponemos prendas o nos rodeamos de cosas que nos gustan, la casa se convierte en un paraíso personal. No nos deshagamos de las cosas que nos causan felicidad simplemente porque no las utilicemos. Acabaríamos dejando toda esa felicidad para cuando nos hallemos fuera del hogar. Seamos creativos y busquemos maneras de utilizar esas cosas aparentemente inútiles. Probemos adornar una pared del armario con fotografías de nuestros músicos preferidos para crearnos un "rincón alegre" a nuestra medida. O a cubrir la parte frontal de un cajón de plástico donde guardamos determinados objetos con un conglomerado de bonitas postales para ocultar su contenido. Ideemos maneras de usar cosas de nuestro gusto que puedan hacer más divertida la labor de poner orden.

No confundir el desorden temporal con la rendición

"Lo siento mucho. Me rindo". Me quedé helada cuando leí la primera línea del e-mail de mi clienta.

"¡Ya está!", pensé. "¡Tenía que ocurrir!".

Desde que había empezado a impartir clases particulares en las casas de mis clientas, el índice de abandonos había sido cero. La gente a veces se reía y me decía: "No lo dirás en serio. Es imposible que sea cero", o "¿No habrás amañado la cifra?". Pero era la pura verdad. Y no debería sorprender tanto. Cualquier persona que aprenda a poner orden correctamente, jamás se rendirá.

"Ay, Dios", pensé. "Voy a tener que empezar a decir que, con mi método, el índice de abandonos 'antes era cero'. Pero primero deberé justificarme y recapacitar".

Con cierta preocupación, miré el nombre de la remitente y recibí otra sorpresa. No era alguien que ya se hubiera "graduado" en el curso, sino una mujer a la que todavía le quedaban las categorías de *komono* y de objetos de valor sentimental. Su última lección estaba prevista para final de mes. Nadie me había dicho al principio ni a mitad de curso que se rendía. Estaba claro que algo debió de suceder. Sabía que, al ser madre trabajadora con dos hijos pequeños, debía de estar sumamente ocupada, y que su marido, que también trabajaba la jornada completa, no tendría mucho tiempo para ayudarla.

Cuando fui a darle la última clase, volvió a disculparse. "Lo siento mucho. Las cosas vuelven a estar como antes de la primera lección". La ropa se amontonaba en un rincón de la sala de estar, la habitación de *tatami* estaba llena de juguetes desparramados y los platos, apilados en la encimera de la cocina. No estaba en condiciones de recibir una lección.

"Guardemos por lo menos las cosas a las que hayas asignado un sitio".

"Buena idea. ¿Sabes?, también traté de ordenar un poco mi mesa de trabajo", dijo. Hablamos de todo un poco mientras colocaba cosas en su sitio. Dobló la ropa y la introdujo en los cajones del armario, luego metió los juguetes en una caja de plástico, los animales de peluche en una cesta de mimbre y los papeles con los que sus hijos habían estado jugando en la papelera. Las especias volvieron al estante de la cocina y los platos limpios, al armario. Al cabo de treinta minutos, su casa volvía al estado en que se encontraba durante la lección anterior, sin nada en la mesa o en el suelo.

"Ya ves, puedo adecentarlo todo en sólo treinta minutos", dijo. "Pero cuando estoy ocupada tiendo a dejar las cosas como antes las he visto. Esto me ocurre dos o tres veces al mes".

En realidad, esto no es un acto de rendición. Es un desorden pasajero debido a que no se colocan las cosas en su sitio a diario. Abandono y desorden son cosas muy diferentes. El estado de abandono significa que las cosas sin un sitio asignado empiezan a inundar de nuevo la casa a pesar de haberla ordenado completamente de una vez para siempre. Cuando todo tiene un sitio donde estar, cierto grado de desorden no es un problema.

Debo confesar que cuando tengo exceso de trabajo salgo corriendo por la mañana y vuelvo a casa agotada por la noche. Antes de que me dé cuenta, la ropa espera amontonada a que la doble y la guarde. Pero no me pongo nerviosa, porque sé que cuando tenga tiempo devolveré fácil y rápidamente la habitación al estado en el que debía hallarse. Es un gran alivio saber que puedo poner orden en sólo treinta minutos.

Nunca debemos pensar que nos hemos rendido. Este solo pensamiento podría matar la motivación, y de verdad lo hace. Si advertimos algún desorden durante el maratón del orden, no debemos desanimarnos. En el momento en que podamos, coloquemos las cosas en el sitio que les hemos asignado y prosigamos. (Y recordemos: el almacenamiento de las cosas continuará hasta que el maratón haya finalizado, por lo que sólo hay que guardar las cosas donde provisionalmente hayamos decidido que deberían estar). Cuanto más avancemos, menos tiempo necesitaremos, así que no debemos preocuparnos.

La clave es ir a lo esencial. Sólo cuando se haya encontrado un sitio para todas las cosas se habrá alcanzado la meta final. Si perseveramos, seguro que jamás nos rendiremos una vez que estemos en la recta final.

¿Tirar la toalla?

¿Hemos iniciado el maratón sólo para vernos sentados y aturdidos en medio de la habitación sin un final a la vista? No hay que preocuparse. Casi todo el mundo se ve en esta situación al principio.

El algún momento una de mis clientas o estudiantes exclamará: "KonMari, no puedo más. Acabo de empezar con mi ropa y me parece que nunca acabaré". **La ansiedad aparece cuando no somos capaces de ver el cuadro entero.** Si esto nos sucede, tratemos de hacer un inventario de los espacios de almacenamiento. Distanciémonos un poco para considerar la situación de forma objetiva. Hagamos un plano de la casa, dibujemos sitios o elaboremos una lista de los estantes y los lugares de almacenamiento de toda la casa con el tipo de cosas que cada uno contiene. Al reanudar la tarea, las cosas aparecerán inevitablemente cuando menos se las espera, y así no necesitaremos llevar un registro detallado. Bastará con apuntarlo, para tener una idea general de cuál es el sitio de las distintas categorías de cosas.

Cuando acudo a casa de alguien por primera vez, no voy directa a la clasificación de la ropa. Lo primero que hago es examinar todos los espacios de almacenamiento. Pregunto una y otra vez: "¿Qué hay aquí dentro?", "¿Guardas cosas de esta categoría en algún otro sitio?" Tomo nota mentalmente de la ubicación y el volumen de cada espacio de almacenamiento, estimo la duración del proceso de ordenar y visualizo el resultado final, incluidos los sitios donde se guardará todo.

Pero esto es lo que hago como instructora. El propósito es simplemente que la otra persona tenga una visión general del estado actual y recupere su equilibrio. Pero evito que emplee demasiado tiempo en esto. Entre diez y treinta minutos es suficiente.

El proceso de evaluar la situación le da un pequeño respiro. El simple acto de enumerar cada espacio de almacenamiento de la casa restaura su objetividad. Si de pronto se da cuenta de que ya no es momento de evaluar la situación, le digo que no dude en volver a ordenar. Si esa evaluación se hace pesada e interfiere con el proceso de ordenar, entonces debe restablecer sus prioridades.

Por otro lado, a quien prefiera tomar notas y llevar registros le recomiendo que sea tan minucioso como desee. Puede incluso hacer una lista de los contenidos de cada unidad de almacenamiento. Una de mis clientas llegó al extremo de llevar un diario del orden que iba estableciendo. En la primera página presentó su "estilo de vida ideal". Le siguió una sección titulada "Situación actual (Problemas en el modo de ordenar, unidades de almacenamiento, lista de cosas por categorías)". La última sección era una tabla con el título de "El proceso de ordenar", en la que registró todo, desde los descubrimientos que hizo mientras ordenaba hasta el número de bolsas de basura que utilizó.

"Me pongo muy contenta cuando he terminado con otra categoría y veo mi lista llena de marcas de verificación", me dijo. A quien tanto le guste hacer una lista le digo que se tome todo el tiempo que necesite. Y mientras está en ello, ¿qué tal si piensa en otras formas de acrecentar la felicidad que siente cuando ordena sus cosas?

El tratamiento de choque de las fotos del desorden

Mi primera clase con T iba a tener lugar en una semana cuando recibí el siguiente e-mail. Ella ya había asimilado los conceptos básicos de la tarea de ordenar e imaginado su estilo de vida ideal y estaba entusiasmada con la idea de empezar pronto, pero su entusiasmo parecía haberse derrumbado.

"Este desorden me desanima tanto que no me imagino disfrutando de la fiesta del orden", escribió. "Sencillamente no me siento motivada…". Pasó a enumerar los obstáculos que veía en el camino, por ejemplo que "una de nuestras habitaciones se ha convertido en un trastero, y mis dos hijos revuelven lo que he dejado ordenado". Terminó diciendo: "Nunca seré capaz de ordenar nada, porque mi grupo sanguíneo es B". (En Japón existe la creencia, muy extendida, de que el grupo sanguíneo influye en la personalidad, y las personas con el grupo A son mucho más afectas a la pulcritud y el orden que las del grupo B).

Aunque estuve tentada de decirle: "Deja de quejarte y ponte a trabajar", sabía que quejarse es en realidad una prueba de que todavía se tiene energía para seguir adelante. El truco es convertir el desorden actual, que pronto desaparecerá felizmente, en una fuente de entretenimiento.

¿Cómo? Tomando fotos de cada habitación cuando aún esté desordenada. Viene muy bien. Animo a quienes se esfuercen por ordenar su casa a que hagan clic delante del panorama que ofrece cada habitación en su totalidad y saquen también primeros planos de los contenidos de cada cajón. Un vistazo a esas fotos les demostrará que los espacios están aún más revueltos de lo que pensaban. Es posible que haya montones de ropa y papeles esparcidos, o cosas que les hagan preguntarse cómo llegaron allí. Esta visión objetiva de la realidad de su espacio podría impresionarlos hasta el punto de desesperarse.

¿Y por qué iba a querer restregarte este panorama? ¿Para que te sientas peor? Créeme, no me propongo ser mala. Sé muy bien lo difícil que es motivarse cuando no se tienen ganas de hacer una cosa. Es simplemente que, según mi propia experiencia, es más eficaz tocar fondo que ponerse exigente con uno mismo. Cuando llego hasta ahí, me harto de la flojera y lo hago todo con más rapidez.

Este método funciona no sólo antes de empezar a ordenar, sino también cuando empezamos a flaquear en mitad de la tarea. Luego disfrutemos al máximo de esas fotos, enseñémoslas a los amigos para que se rían comparando el aspecto de la casa antes y después del maratón del orden, es muy recomendable. A medida que la casa se nota más ordenada, es más fácil olvidar el aspecto que tenía cuando estaba desordenada. Un vistazo a las fotos nos mostrará hasta qué extremo habíamos llegado y nos animará a continuar. Cuando mis clientes miran sus fotos con la casa ya ordenada, exclaman todos: "¿De quién es esta casa tan desastrosa?"

No importa lo desordenada que parezca estar la casa, no nos detengamos, no descansemos, no abandonemos

Han pasado muchos años desde que empecé a trabajar en este campo. He visto tantos hogares desordenados que los desbarajustes que presencio, por grandes que sean, rara vez me asombran. Tres o cuatro montones de ropa en el suelo es normal. Cuando un aluvión de papeles me llega hasta los tobillos o una cascada de objetos sale de una habitación al abrir la puerta, o todo lo que se puede ver en su interior son pilas de cajas de cartón, estoy lista para actuar. Sin embargo, cuando llegué a la casa de K, mi cabeza dio vueltas ante lo que vi; creí haber entrado a la cueva de un demonio.

La primera planta de la casa de K era su oficina, y las plantas segunda y tercera, su vivienda. Recorrimos el pasillo de la oficina, que parecía relativamente vacío, y subimos las escaleras. Pero cuando se abrió la puerta de la vivienda sentí como si estuviera accediendo a una dimensión desconocida.

Un arenero de gatos yacía a mis pies justo a la entrada. Esparcidos por el suelo había restos de lo que parecían croquetas, y era difícil caminar sin pisarlas. No tardé mucho en aplastar con el pie una bolita del tamaño de un grano de café. Mientras me preguntaba qué hacer con las miguitas de mi zapatilla, miré hacia arriba y todos los pensamientos sobre la bolita que había pisado desaparecieron.

La escalera que tenía delante de mí estaba cubierta de libros. O, para ser más exacta, los libros, montones de tres y cuatro libros, cubrían cada escalón de forma que no dejaban ver la escalera de madera. Sin prestar atención a mi estado de estupefacción, K dijo: "Tengo muchos libros. No caben literalmente en el tapanco, se salen". Mientras me hablaba, subía las escaleras con la agilidad de una escaladora, pese a que parecía que los libros podían deslizarse en cualquier momento bajo sus zapatillas de tela. Me aferré a la barandilla y subí con cuidado, poniendo los dos pies en cada escalón y pensando que, si me caía, mi cabeza se iba a dar justo contra la bandeja del gato. No pude evitar pensar que esta particular disposición de las cosas era una estupenda trampa para disuadir a posibles ladrones.

Me las arreglé para llegar ilesa a la segunda planta y pasar sin hacer gestos por la sala de estar, donde había una pared que parecía estar hecha de libros. El dormitorio de K era literalmente una cueva de ropa. Perchas y más perchas cubrían ambos lados de la habitación, estrechando y oscureciendo el espacio.

Las clases de K, aquella fue la primera, continúan en la actualidad. Para ser sincera, se están dilatando demasiado y superarán con creces el último récord de uno de mis clientes. Pero su casa ya se ha transformado en un mundo nuevo en comparación a como estaba antes. K, que es una amante del arte, va más de tres veces al mes a visitar exposiciones. Mientras ordena la casa va descubriendo muchas piezas de hermosa cerámica además de reproducciones de cuadros famosos. A medida que el desorden disminuye y las paredes vuelven a ser visibles, va colgando en ellas esas reproducciones. Obras de Monet y Renoir adornan un rincón de su habitación y lo transforman en una singular galería. Ha desaparecido todo rastro de la cueva de demonio que antes fue.

Aún así K me pregunta de vez en cuando: "Sé que los sitios donde he terminado siguen ordenados, pero ¿estás segura de que es normal tardar tanto tiempo?".

Mi respuesta es un rotundo "¡sí!", porque el proceso va bien encaminado.

No importa lo desarreglada que pueda estar una casa, ordenar es tratar con objetos físicos. **No importa la cantidad de cosas que poseamos, la cantidad es siempre finita.** Si podemos identificar las cosas que nos producen felicidad y decidir dónde guardarlas, la tarea de ordenar necesariamente concluirá. Cuanto más ordenamos, tanto más cerca estamos de una casa rebosante de felicidad. Por lo tanto, nada es más lamentable que hacerlo a medias.

Una vez que se da el primer paso en el maratón de ordenar, no hay que detenerse ni descansar ni abandonar. No importa cuál sea la situación actual: cualquier hogar puede transformarse en un espacio que produzca felicidad. Y esto lo garantizo, porque **el orden nunca miente.** Lo opuesto también es cierto. Si no se persevera, el maratón del orden nunca concluirá. Jamás debemos interrumpir la tarea y si lo hemos hecho, reanudémosla lo antes posible.

Si alguien es muy malo ordenando, experimentará una transformación radical

Antes de empezar, pregunto a mis clientes: "¿Eres bueno o malo ordenando?". Lo habitual es obtener una de estas tres respuestas: bueno, regular y muy malo. La proporción es aproximadamente de 1-3-6.

Las personas que responden que son buenas tienen por lo general las casas bastante ordenadas. Sus preguntas suelen ser muy concretas, porque ya han probado diferentes métodos. Mi tarea en estos casos consiste en responder preguntas muy específicas como: "¿Es mejor guardar la aspiradora en el armario o en el trastero?", o "Dejo las toallas en el cuarto de baño, ¿crees que hago bien?". También son buenas en la elección de lo que les produce felicidad y hacen el trabajo con bastante rapidez. A menudo sólo necesitan mi ayuda para corregir la forma de almacenar cosas y luego terminamos.

Las personas que consideran que son regulares ordenando lo hacen a su manera y perseveran en ella sin ningún problema. Pero, como la llevan a cabo con mucho esfuerzo, es una lástima que ese esfuerzo no sea más efectivo. Aunque puedan haber asignado sitios a sus pertenencias, todavía tienen muchas cosas que no les producen felicidad y su almacenamiento suele ser bastante complejo, con artículos de la misma categoría dispersos por la casa. Estas personas atienden a los conceptos básicos de mis lecciones.

Por último están las que confiesan ser muy malas ordenando. Su maratón comienza en el mismo momento en el que me invitan a pasar a sus casas. Cuando veo la cantidad de cosas desperdigadas, a veces me pregunto si hicieron todo eso a propósito sólo para entretenerme, sabiendo que soy una maniática del orden. Un cliente me reveló que pensaba que su habitación estaba para almacenar cosas. La mayoría de las veces, aún antes de que estos clientes empiecen a hacer la "prueba de la felicidad", hay que dejar un espacio libre en el piso, es decir, vaciarlo para poder acumular toda la ropa en un solo lugar.

Sea un cliente bueno o malo ordenando, siempre se puede aprender a ordenar. Pero los que creen que no tienen remedio son los únicos que experimentan la transformación más radical. Una vez que aprenden siguen ordenando con increíble fidelidad. Al final las percepciones personales de las propias capacidades para ordenar sólo son suposiciones prejuiciadas, porque las personas que se consideran inútiles nunca han experimentado lo que es tener una casa ordenada.

Una vez recibí un correo electrónico del marido de una de mis clientas diciendo que su mujer parecía "una persona diferente". Ella solía ser el tipo de persona que nunca se da cuenta de las cosas, tanto en el buen sentido como en el malo. "Nunca miraba abajo, nunca se daba la vuelta, nunca volvía a colocar una cosa en su sitio. Le daba todo igual. Yo era el único que ordenaba las cosas, pero ahora parece una persona diferente. Se ha vuelto muy diligente en esto del orden".

Imaginad la repercusión que un cambio semejante puede tener en la vida de las personas. **El "dios del orden" nunca abandona a nadie, ni siquiera a los que no creen en ellos mismos.** Pero primero hay que tomar la decisión. Sólo podemos transformar nuestras vidas si nos proponemos sinceramente poner orden. Y quien lo haga hasta el final puede estar seguro de que el "dios del orden" lo recompensará.

2

Cómo llenar nuestro hogar de felicidad

Imaginemos nuestro estilo de vida perfecto con una sola fotografía

"Lo primero es acabar de desprenderse de cosas". Ya sabe quien me haya seguido que esta es una regla básica del método KonMari. Si empezamos a pensar dónde guardaremos esto y lo otro antes de habernos desprendido de cosas, no iremos muy lejos. Por eso es imperativo que, antes de ordenar, nos concentremos únicamente en la tarea de deshacernos de cosas.

Los lectores que ya hayan iniciado su maratón del orden sabrán que, aunque hayan comenzado con vacilaciones, una vez se han puesto a la tarea, deshacerse de cosas es divertido. Esto, sin embargo, es una señal de alarma. El hecho de sentirse bien no es razón para convertirse en una máquina de desechar. **El acto de desechar cosas nunca puede, por sí solo, introducir felicidad en la vida.**

Deshacernos de cosas no es lo importante; lo importante es conservar las cosas que nos producen felicidad. Si nos desprendemos de todo hasta dejar la casa vacía, no creo que vivamos felices en ella. Nuestro objetivo debe ser crear un ambiente lleno de las cosas que nos gusten.

Tal es la razón de que sea tan importante comenzar todo el proceso identificando lo que para nosotros sería el estilo de vida ideal. En este punto siempre pido una cosa: no poner el límite a los sueños. La imagen ideal no es un objetivo grabado en piedra, ni tampoco una obligación, por lo que no es necesario contenerse. No pongamos freno a nuestras más locas fantasías. ¿Que una quiere vivir como una princesa en una habitación con todos los muebles y todos los tejidos blancos como la nieve? ¿Que otro imagina un espacio suntuoso, espléndido, con hermosos cuadros en la pared? ¿O tal vez una habitación tan abundante en plantas que se sienta como si viviera en un bosque? No hay límites.

Dicho esto, habrá quien encuentre difícil identificar el estilo de vida que desea. En este caso, sugiero buscar una sola imagen que represente su ideal. Por supuesto, sólo podrá representárselo mentalmente, pero si tiene una fotografía que le haga pensar: "Sí, esta es la clase de espacio en el que quiero vivir", cambiará completamente sus sensaciones en relación con la tarea de ordenar.

Pero es importante buscar bien, y con rapidez, esa imagen. Si uno piensa. "En algún momento tendré que ponerme a buscar una foto, así que voy a esperar a que llegue ese momento", nunca hará nada. El truco aquí consiste en desplegar varias revistas de decoración de interiores y examinarlas todas al mismo tiempo. Aunque pueda resultar divertido mirar una revista diferente cada día, si se continúa así, se corre el riesgo de no poder tomar una decisión. Las opiniones pueden cambiar de un día para otro, lo cual hace aún más difícil identificar el estilo de vida que personalmente se desea. Los interiores que muestran las revistas son todos fabulosos. Un día veremos interiores de estilo japonés y al día siguiente interiores de estilo spa. Es más fácil identificar qué aspectos de cada uno nos atraen si nos fijamos en una variedad de interiores a la vez. Por ejemplo, es posible que nos demos cuenta de que nos interesan las salas de estar blancas, o de que nos atraen las habitaciones con plantas más que las de cualquier estilo particular.

Podemos sacar de la biblioteca una pila de revistas de decoración de interiores o comprarlas en la librería y hojearlas rápidamente. Y cuando encontremos una imagen que nos diga algo, tomemos nota de la revista donde se encuentra o apartemos esa revista sobre la mesa para volver a ella en cualquier momento.

No tengamos reparo en conservar cosas que se han quedado en la zona gris

Los expertos en el orden recomiendan a menudo dejar en una caja separada las cosas de las que no estamos seguros de cuál podría ser su sitio. Si al cabo de tres meses no se han utilizado, pueden ser desechadas. Parece una buena idea que además se puede poner en práctica de forma fácil. Pero en el método KonMari abogo por hacer justo lo contrario, probablemente debido a que ese sistema no me funcionó en absoluto tras dos años y medio de intentos.

Cuando lo escuché por primera vez, me llamó la atención no sólo por su sencillez y su lógica, sino también por ser una gran excusa para desechar cosas. "Bueno, no lo he usado en tres meses, así que no creo que me sirva". En aquel entonces, había llegado a estar tan obsesionada con el orden que hasta empezaba a notar que me estaba desprendiendo de demasiadas cosas y que la lógica de ese método guardaba perfecta relación con un nebuloso sentimiento de culpabilidad. Tal vez por eso mismo me propusiera seguir con dicho método durante dos años y medio, una proeza inusual en mí.

El primer paso fue introducir todo lo que estaba en la zona gris, es decir, todo lo que no me emocionaba, en una bolsa de papel y dejarla en la parte baja del lado derecho de mi armario. Debía etiquetar cada objeto con la fecha de su "Día del Juicio", pero me saltaba esa parte, pues no tenía mucho material. Durante los siguientes tres meses mi vida siguió como de costumbre.

Nunca utilicé lo que había puesto en aquella bolsa. En teoría, cualquier cosa que fuera a parar allí se salvaba del destino de acabar en la basura. Esto tendría que haberme alegrado, pero en realidad sufría remordimientos de conciencia cada vez que la veía. Había organizado la ropa en mi armario de forma que siempre tuviera que mirar arriba a la derecha, lo cual debería haberme levantado el ánimo, pero la visión de esa bolsa me lo hundía. Pensé en trasladarla al lado izquierdo, pero eso no cambió nada.

Rescaté un cuchillo de caña de bambú que alguien me había regalado como recuerdo y empecé a abrir mis cartas con él, aunque realmente no lo necesitaba. Saqué un bloc de notas con personajes de dibujos animados en la cubierta que había comprado por equivocación y ni siquiera me gustaba, pero sólo pude usarlo una o dos veces. Ya tenía más blocs de notas de los que podía usar y que me gustaban. Y todo esto porque me puse a pensar: "Pronto llegará el Día del Juicio". Poco después, no podía esperar a que se cumplieran esos tres meses. Cuando ya estaba cerca el día, empecé a reprenderme a mí misma por no usar las cosas de la bolsa. Al final me sentí tres veces más culpable cuando me deshice de esas cosas que cuando las puse por primera vez en la bolsa. La última vez que introduje cosas en una bolsa, me olvidé completamente de ellas durante medio año.

Después de haber pasado por esta experiencia, me gustaría poder sentarme un día con mi antiguo yo y darle algunos consejos. Le diría: "Escucha, si no puedes desprenderte de algo, consérvalo sin sentirte culpable. No es necesario poner las cosas en una bolsa aparte". En lugar de esperar a ver si las vas a utilizar en los próximos tres meses, ¿por qué no recordar el uso que les diste en los últimos tres meses y decidir en ese momento?

Intenta verlo desde la perspectiva de las cosas de esa bolsa. Es como si se les hubiera dicho: "La verdad es que no me emocionan y dudo que alguna vez las vuelva a utilizar, pero por si acaso, se quedan ahí tres meses". Tras haberlas rechazado y segregado, se les somete a la humillación de decirles durante tres meses: "Mmm, lo que decía, no me emocionan", y al final acabar quitándotelas de en medio. Esto tiene que ser una tortura.

En mi método es un crimen apartar las cosas para luego poder justificar que las hayamos tirado. Esta marginación supone estar pendientes de objetos que no nos producen felicidad. **Sólo hay dos opciones: o conservarlas o tirarlas. Y si queremos conservarlas, procuremos cuidarlas.**

Cuando decidimos quedarnos con algo que se ha quedado en la zona gris, tratémoslo como si tuviera algún valor en vez de concederle, casi en plan perdonavidas, un periodo de gracia de tres meses. Esto nos liberará de cualquier sentimiento de culpa o ambivalencia. Pongamos el objeto donde podamos verlo para que no nos olvidemos de su existencia. Podemos decidir, por ejemplo, desprendernos de algo que no vamos a utilizar durante el verano, pero aun así mientras esté en casa tratémoslo con gratitud como si fuese algo que nos gusta. Si al final nos damos cuenta de que ya no nos alegra verlo y ha prestado su servicio, démosle las gracias por ese servicio y desprendámonos de él.

Lo repetiré para que quede bien claro: **en lugar de esconder las cosas que se han quedado en la zona gris, conservémoslas abiertamente y de buen grado.** Valorémoslas como haríamos con cualquier cosa que nos alegre ver.

Una casa rebosante de felicidad es como nuestro museo de arte personal

Después de haber pasado la mayor parte de mi vida observando toda clase de objetos, incluidas los de los casas de mis clientes, he descubierto tres elementos comunes en la atracción que pueden ejercer: la belleza real del objeto en sí (atracción innata), el grado de afecto que se le ha profesado (atracción adquirida) y la historia o el significado que ha tenido (valor experiencial).

Aunque pocas cosas me interesan aparte de ordenar, me encanta pasar tiempo en los museos de arte. Me gusta contemplar pinturas y fotografías, pero mis exposiciones favoritas son las de objetos de la vida cotidiana, por ejemplo platos y recipientes. Creo que el hecho de que muchas personas sepan apreciar estas obras de arte y artesanía las hace mejores y más refinadas, y las sitúa por encima de su valor real. En ocasiones veo en un museo una obra que, si bien parece bastante normal, ejerce una atracción irresistible. En la mayoría de los casos espero que esa atracción magnética sea resultado de haber sido valorada por sus dueños.

A veces me encuentro también en las casas de mis clientes con cosas que ejercen esa atracción misteriosa. N, por ejemplo, vivía en una casa elegante que había sido el hogar de su familia durante cuatro generaciones. Tenía muchas vajillas. El aparador del comedor y los armarios de la cocina estaban llenas de ellas, y había muchas más guardadas en cajas en el trastero. Cuando las reunió todas y las colocó en el suelo, cubrían aproximadamente lo que tres tapetes de *tatami* (6 por 9 pies). En aquel momento, N estaba casi terminando de ordenar la categoría de *komono* (objetos varios), y era muy competente en la labor. Durante un tiempo, todo lo que se oía era el tintineo de los platos y otras piezas de sus vajillas, que ella extraía y colocaba sobre el suelo, y el murmullo de su voz diciendo: "Este plato me alegra verlo; esta copa, no".

Durante este proceso, suelo fijarme en los objetos que mis clientes tienen en las manos mientras reflexiono sobre la manera de organizar su almacenamiento. Pero, de pronto, me llamó la atención un único plato pequeño que estaba en el rincón de la "felicidad". "Este plato es muy especial, ¿no es así?", le dije.

N me miró con sorpresa. "No, no crea. A decir verdad, hasta había olvidado que lo tenía. Particularmente no me gusta mucho el diseño, pero había algo en él que me tocaba". Era algo grueso y liso, sin ornamentación, y parecía extraño entre los demás platos que había elegido, la mayoría de los cuales tenían dibujos de colores.

Después de la lección, me envió un correo electrónico diciéndome que le había preguntado a su madre por aquel plato. Al parecer, el abuelo de N había hecho el pequeño plato para su esposa, la abuela de N, que lo había conservado hasta el final de su vida. "Es extraño. A pesar de que nunca había oído esta historia, me alegraba verlo", me escribió N. Luego me contó varias anécdotas en relación con el plato. La siguiente vez que estuve en su casa lo había colocado en el altar budista para contener los dulces, y la calidez que irradiaba en aquel espacio y alrededor de él dejó en mí una profunda impresión.

Estoy convencida de que las cosas que han sido queridas o de las que nos encariñamos adquieren elegancia y carácter. Cuando nos rodeamos solamente de las cosas que nos producen felicidad y que nosotros amamos, podemos transformar nuestro hogar en un espacio lleno de objetos preciosos en nuestro museo de arte particular.

Añadamos color a la vida

"He terminado de ordenar mi hogar y ahora lo encuentro precioso y limpio. Pero tengo la sensación de que no lo he hecho realmente". Las casas de las personas que tienen esa sensación suelen tener una nota en común: carecen de color.

Una vez terminada la fase de reducción, es el momento de añadir felicidad. Podemos hacer esto simplemente decorando nuestro espacio con cosas que nos gusten, pero que antes apenas podíamos utilizar. Pero las personas que tienen una experiencia muy limitada en la elección de cosas que les producen felicidad tendrán que procurársela. En la gran mayoría de ellas, la única cosa que falta en sus vidas es el color. Aunque la solución ideal sería comprar cortinas nuevas o colchas de alguno de los colores preferidos o colgar un cuadro que a uno le guste, esto puede no ser una opción inmediata para todo el mundo.

En tales casos la solución más sencilla es utilizar flores. Si encontramos que las flores cortadas son difíciles de combinar, las plantas en macetas también nos sirven. Cuando era estudiante de secundaria, empecé a utilizar flores para alegrar mi habitación. O, para ser más exacta, utilicé una sola gerbera que compré por cien yenes, que es como un dólar.

Solía preguntarme por qué el color era tan importante para mí, pero un día caí en la cuenta de que provenía de las comidas que mi madre hacía. Ella siempre preparaba una variedad de platos para cada comida, y el resultado era una mesa abundante en colores. Si había demasiado de un solo color, por ejemplo el del pollo estofado con raíz de bardana, o la carne de cerdo salteada con setas, o la sopa de berenjena con miso, o el tofu frío con vinagreta de algas encima, miraba la mesa y decía: "Demasiado color marrón. Hace falta otro color", y entonces añadía un plato de tomates en rodajas.

Sorprendentemente, aquel toque iluminaba la mesa y hacía que nuestra comida fuese mucho más agradable. Lo mismo ocurre en nuestros hogares. Si una habitación parece desnuda, una sola flor puede animarla.

Una vez visité la casa de una celebridad para dar una lección en un programa de televisión. Ella vivía en un apartamento dúplex y su lugar de trabajo estaba encima de sus aposentos. El cuarto donde trabajaba estaba relativamente limpio y ordenado, con sólo una caja de cartón llena de documentos sobre el suelo. Después de un rápido vistazo, fui con ella a su dormitorio, y entré en un mundo tremendamente diferente.

Lo primero que saltó a mis ojos fueron seis máquinas tragamonedas colocadas en lo alto de una librería pegada a una de las paredes. Los anaqueles, adornados con personajes de dibujos animados, se encendían y apagaban, y en toda la habitación se oía un zumbido procedente de las máquinas. Aunque he conocido a personas con dianas y mesas de *mahjong* en sus casas, nunca había visto una casa decorada con máquinas tragamonedas en funcionamiento. También había dos más apagadas en la parte baja del armario.

"Estas máquinas son lo que más felicidad me da", me explicó con una sonrisa de complicidad. Las máquinas tragamonedas eran para ella lo que las flores para mí, pensé, ¡sólo que mucho más aún! Cuando terminamos de ordenar, las máquinas de luces intermitentes estaban dispuestas, bien visibles, alrededor de su habitación, lo que a ella debió de parecerle un alegre paraíso.

Es mucho más importante adornar la casa con las cosas que nos gustan que tenerla tan desnuda que carezca de toda cosa cuya vista pueda alegrarnos. Cuando termina el maratón del orden, los hogares de muchos de mis clientes a menudo parecen vacíos, pero cambian y evolucionan con rapidez. Al cabo de un año, la felicidad está a la vista. Las cosas que más les gustan se hallan entonces en sitios muy visibles, y con frecuencia cortinas y colchas han sido cambiadas por otras con los colores preferidos. Quien crea que poner orden significa simplemente despedirse del desorden está equivocado. Ten siempre en cuenta que la verdadera finalidad es encontrar y conservar las cosas que de verdad nos gustan, exhibirlas con orgullo en casa y vivir junto a ellas una vida placentera.

Cómo hacer que la mayoría de las cosas "inútiles" nos sigan causando felicidad

"No estoy seguro de que esto vaya a ser de alguna utilidad. Pero sólo mirarlo me hace feliz. ¡Basta con que lo tenga ahí!". Por lo general un cliente me dirá esto mientras sostiene algún objeto tomado al azar que no parece tener ninguna utilidad imaginable, por ejemplo un trozo de tela o un broche roto.

Si un objeto nos pone contentos, entonces la mejor opción es conservarlo sin pensar en lo que puedan decir los demás. Aunque lo guardemos en una caja, lo sacaremos para mirarlo. Pero si decidimos conservarlo, ¿por qué no sacarle el máximo partido? Las cosas que a los demás les parece que no tienen sentido, las cosas que sólo uno amará siempre: esas son precisamente las que se deben mostrar.

Hay cuatro maneras de utilizar esta clase de objetos para decorar el hogar: colocarlos sobre alguna superficie (miniaturas, animales de peluche, etcétera), colgarlos (llaveros, cintas para el pelo, etcétera), clavarlos o pegarlos (tarjetas postales, papel de envolver, etcétera) y utilizarlos como envolturas o cubiertas (algo extensible y plegable como telas, toallas, etcétera).

Empezaré con la primera categoría, la de los objetos para colocar sobre una superficie. Aunque es bastante clara, puede incluir no sólo adornos y figuras, hechos para ser mostrados de esta forma, sino también objetos de otra clase. Un cúmulo de ellos colocados directamente sobre un anaquel puede parecer un revoltijo, por lo que sugiero "enmarcarlos" colocándolos juntos en un plato, una bandeja, sobre un tapete o en una cesta. Esto no sólo parece más ordenado, sino también más fácil de limpiar. Por supuesto, si se prefiere un modo más informal de acumularlos sobre un anaquel, no hay ninguna objeción. También se puede utilizar una vitrina.

Además de dejarlos todos bien a la vista, es igualmente divertido colocarlos en espacios de almacenamiento. Una de mis clientas, por ejemplo, tomó un gran ramillete y puso en el centro un broche con la forma de una rana adornada con diamantes de imitación, de manera que la cabeza de la rana sobresaliera. Luego lo colocó en un espacio abierto entre sus *brassieres* dentro de un cajón. Nunca olvidaré su cara sonriente cuando me dijo: "Me divierte mucho ver la cara con que me mira cada vez que abro el cajón".

Para la segunda categoría, la de los objetos para colgar, podemos utilizar llaveros o cintas para el pelo a modo de acentos sobre la ropa del armario y deslizarlas entre los ganchos. También podemos envolver los cuellos de los ganchos con cintas más largas, como las de los regalos, o con un collar que ya no se use. O colgar objetos de ganchos en la pared, o de los extremos de las cortinas, o en cualquier otro lugar donde esto sea factible. Si el objeto es demasiado largo y complicado, podemos cortarlo o hacerle un nudo para ajustar la longitud.

Si tenemos tantas cosas para colgar que no hay sitio para todas, podemos encadenarlas para crear un solo adorno. Una de mis clientas hizo una cortina trenzando cables de teléfono móvil con la cabeza de una mascota local que le gustaba y la colgó junto a la puerta de entrada. Aunque los ojos de las mascotas moviéndose con el aire resultaban algo estrambóticos, me dijo que había transformado la puerta en "la entrada del paraíso".

Esto nos lleva a la tercera categoría, la de los objetos que podemos pegar o clavar. Decorar el interior de un armario con pósters para los que no encontramos otro lugar es una práctica habitual en el método KonMari. Esto puede inyectar emoción en cualquier espacio de almacenamiento, incluidas paredes y puertas de aparadores y armarios y fondos de estanterías y de cajones. Podemos utilizar tela, papel o cualquier otro material siempre que nos alegre la vista.

Recientemente, he notado que muchos de mis clientes hacen paneles personalizados con fotos de cosas que los inspiran, como hogares perfectos o países que desean visitar. Son como un *collage* de elementos que ellos encuentran alegres. Quien esté interesado, tómese el tiempo necesario para hacer uno que verdaderamente le guste.

La última categoría para decorar un interior con objetos favoritos es la de las cosas que se utilizan para envolver. Esta incluye cualquier material flexible, como retales, toallas, bolsos de mano y prendas de bonitos diseños o tejidos que nos gustan pero que ya no nos sirven. Estos materiales se pueden utilizar para envolver cables eléctricos, que son largos y antiestéticos, o para cubrir electrodomésticos y protegerlos contra el polvo cuando no están en uso, como los ventiladores en invierno. Los edredones que haya que guardar cuando no se utilicen se pueden enrollar para expulsar el aire del interior e introducirlos en una funda de tela. Esta sirve igual de bien que las bolsas de plástico cerradas al vacío.

Quien tenga afición a coser, se puede hacer una gran funda deshaciendo costuras de prendas y dando unas puntadas a los bordes para evitar que se deshilachen. Simplemente introducir cosas en fundas así confeccionadas puede crear un espacio agradable.

Cuando terminemos estas tareas, veremos por todas partes cosas que amamos. Al abrir un cajón o un armario, al mirar detrás de una puerta o al ver el fondo de las estanterías, el corazón se llenará de felicidad. Parecerá un sueño imposible, pero está a nuestro alcance.

Si poseemos una variedad de objetos que amamos aunque puedan parecer inútiles, mirémoslos de otro modo. Porque algún motivo tuvimos para traerlos a casa. Estoy segura de que todos anhelan ser de alguna utilidad para su propietario.

Por cierto, si durante la tarea de ordenar nos encontramos con objetos diversos que nos alegra ver, pero que parecen inútiles, recomiendo asignarlos a la categoría de "decoración" hasta que hayamos terminado. Aunque podemos hacer un alto para decorar cada vez que encontremos uno, si la decisión de ordenar está ya tomada, esto puede interrumpir el proceso. Las ideas decorativas brotarán a raudales cuando, concluido el maratón del orden, la casa esté despejada y ordenada y la felicidad en su apogeo.

Creemos nuestro propio refugio

Una de mis clientas ordenó una pequeña bodega y la transformó en su espacio personal. La amuebló con un pequeño y cómodo sofá que no se utilizaba, se hizo una librería baja recortando partes de una vieja estantería, cubrió las paredes de telas que le gustaban en vez de empapelarlas y utilizó adornos navideños para hacerse una lámpara de tipo araña. Hizo todo esto ella sola. Tardó tres meses, pero el resultado fue un

Hagamos más agradables nuestros almacenamientos

Guardemos unas cosas dentro de otras.

Colguémoslas.

Peguemos o clavemos imágenes.

Envolvamos conexiones.

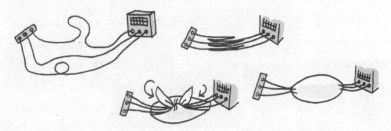

refugio encantador. Siempre que vienen sus nietos, entran en ese cuarto y nunca salen. "Me encanta pasar un rato aquí leyendo un libro o escuchando música", me dijo.

Si deseamos tener en casa un sitio exclusivo, un espacio personal, hay que asegurarse de que en él sólo haya cosas que nos gusten. Si no disponemos de todo un cuarto, podemos utilizar una parte de un armario. Y si tenemos nuestro propio escritorio podemos transformarlo en un espacio personal. Un padre o una madre que se queden en casa y pasen mucho tiempo en la cocina pueden crear en ella un rincón personal agradable. Una de mis clientas, por ejemplo, se puso un tablón de corcho para mostrar fotos de sus hijos, las huellas de sus manos y regalos recibidos en el Día de la Madre. "Ahora me gusta cocinar mucho más que antes", me dijo con gran satisfacción.

Los efectos de crearse un espacio personal son, independientemente de su ubicación o tamaño, fantásticos. Tener un sitio muy personal que nos alegre la vista es como tener en el bolsillo un calientamanos en un día de frío glacial.

A una de mis clientas le encantaban los motivos de setas. Tenía tarjetas postales, figuras de porcelana y llaveros de setas, estos últimos con setas colgando, además de un bastoncillo para los oídos con una seta en el mango y gomas de borrar con forma de seta. "Lo que más me atrae es su forma. Abultadas por arriba, delgadas por abajo. Y también su modestia: crecen a la sombra de grandes árboles". Su expresión era de entusiasmo mientras describía los encantos de las setas, y era maravilloso ver cuánta felicidad le producía verlas, pero desgraciadamente no tenía sus setas a la vista de todos. Las tarjetas de setas permanecían en sus envoltorios de plástico, las miniaturas dentro de sus cajas, y todo ello guardado sin más en una gran lata de galletas.

Cuando le pregunté con qué frecuencia abría la lata para contemplarlas, me respondió que una vez al mes. Aunque se pasara dos horas mirándolas cada vez que la abría, sólo iba a disfrutar de ellas veinticuatro horas al año. A este paso, sus preciosas setas se llenarían de moho. Este es precisamente el momento de crear un "espacio personal" y usar las cosas que a uno le gustan para decorarlo y alegrar el corazón.

Esta misma clienta creó finalmente su espacio personal con las setas dentro de su armario. Decoró los frentes de su cajas plástico transparente con postales de setas, cubrió la cama con una colcha que tenía estampada una gran seta, colgó sus llaveros de seta de los cuellos de las perchas, e introdujo sus miniaturas en una cesta que colocó en uno de los estantes.

Imaginaos lo que sería volver a casa después de un largo y agotador día de trabajo y tornar al refugio personal. Si hemos reducido la cantidad de nuestras pertenencias pero no sentimos ninguna felicidad en nuestro hogar, reunamos los objetos seleccionados que realmente nos atraigan en un lugar concreto para que se convierta en nuestro espacio personal. Esto nos hará disfrutar mucho más de las horas que pasemos en casa.

3

Todo lo que conviene saber sobre el modo de almacenar cosas con felicidad

Mientras ordenamos, el almacenamiento es provisional

Justo cuando parece que la tarea de ordenar se desarrolla sin complicaciones, de repente nos sentimos abrumados y ansiosos. Hemos reducido drásticamente el volumen de cosas que poseemos, pero aún no hemos decidido dónde colocar las que quedan; y no sólo eso, sino que la habitación parece estar de nuevo atestada. ¿Será nuestra imaginación?

No, y esas sensaciones tampoco son imaginaciones nuestras. Muchas personas las experimentan, sobre todo cuando han terminado de ordenar su ropa y sus libros y están en plena "prueba de la felicidad" con su *komono* (objetos varios). Durante años, yo también estuve preocupada por lo mismo. Pero podemos tranquilizarnos. Es natural que una habitación se desordene en medio del maratón. La categoría de *komono* en particular abarca un amplio espectro de objetos, de ahí que cause cierto desorden antes de terminar toda la tarea.

En el pasado insistía a mis clientes en que debían decidir dónde almacenar cosas tan pronto como concluyeran con cada categoría de *komono*. "Los objetos de escritorio en este cajón, por favor", "Las herramientas en la bodega cuando haya terminado", y así sucesivamente. El almacenamiento de las cosas hacía que la habitación pareciese al punto ordenada, y, lo más importante, me hacía parecer una profesional. Es decir: intentaba presumir.

Pero es extremadamente difícil tener una idea clara de nuestro *komono* antes de que lo hayamos ordenado del todo. El número de categorías es muy grande, como grandes lo son también las diferencias entre los tipos de cosas que una y otra persona poseen. Para complicar el asunto, los clientes suelen clasificar las cosas de manera diferente. Para una persona, un cortaplumas pertenecerá a la categoría de "objetos de escritorio", mientras que para otra se quedará en la de "objetos de artesanía". La gente también puede ampliar o revisar el contenido de una categoría a medida que avanza. "Tal vez este calientamanos deba ir con los "artículos sanitarios".

Cuando tenía a mis clientes almacenando cosas al tiempo que ordenaban, cajones perfectamente organizados pronto empezaban a desbordarse, y el almacenamiento de objetos de la misma categoría terminaba dispersándolos por toda la casa. Empezaba a entrarme pánico, y mi mente se quedaba en blanco. Al final, no pocas veces tenía que decir: "Lo siento, pero ¿le importa que saque el *komono* que acabamos de guardar para hacerlo de otra manera?" Entonces tenía que empezar a reclasificar las categorías. En lugar de ahorrar tiempo, lo había desperdiciado.

Tras repetir este error varias veces, acabé dándome cuenta de que el almacenamiento sólo se aclara al final de todo. Sólo cuando hemos terminado de clasificarlo todo, podemos hacernos una idea de la cantidad que cosas que realmente tenemos y establecer las categorías apropiadas. Por lo tanto, debemos considerar todo el almacenamiento como algo provisional hasta el momento en que terminemos.

Un punto importante en este proceso es introducir todo lo perteneciente a una categoría, sea la de objetos de escritorio o la de artículos sanitarios, en un contenedor parecido a una caja en lugar de hacerlo en bolsas de papel o de plástico, donde no podremos ver lo que hemos decidido conservar. Esto nos permitirá hacernos una idea de lo que aún nos queda.

Una vez hecha la "prueba de la felicidad" para todo el *komono*, lo que nos falta por hacer es decidir el sitio donde almacenar cada categoría. Podemos tener tantas cosas que nos resulte imposible clasificarlas en un día. En este caso no hay ningún problema si guardamos temporalmente las cajas en el armario para tener espacio por donde movernos.

Si terminamos con cajas de almacenamiento sobrantes mientras estamos ordenando, la regla de oro es hacerlas a un lado, no deshacernos de ellas. Ponerlas en un lugar asignado a objetos aún por almacenar y utilizarlas al final para "hacer balance" de los objetos que hay que guardar. Por supuesto, si hemos desechado tantos que acabamos con muchas más cajas de las que necesitamos, podemos deshacernos inmediatamente de las que sobren.

Almacenar según los materiales

Para ser franca, mi forma de decidir dónde almacenar cosas es bastante aproximada, pero el resultado final parece unificado, porque considero los materiales. Al planificar la distribución general de los espacios de almacenamiento, hay que tener en cuenta el material de que cada objeto está hecho, como tela, papel o barro, y colocar unos cerca de otros los de materiales similares.

Mis tres categorías principales de materiales son las de tela, papel y material eléctrico, simplemente porque estos son los más fáciles de identificar, los más numerosos y a menudo los más dispersos por toda la casa. Cosas de "tela" como delantales, bolsas de tela y sábanas, las almaceno cerca de la ropa, que es representativa de esta categoría. Cosas como documentos, cuadernos, blocs de notas, tarjetas postales y sobres, las almaceno cerca de la librería, porque el libro es el rey de la categoría "papel". En la categoría de "material eléctrico" entran aparatos eléctricos, cables, tarjetas de memoria, etcétera. Cosas como cremas y lociones pueden clasificarse como "líquidos"; las cosas de comer, como "productos alimenticios", y las piezas de vajilla se pueden subdividir en objetos de "cerámica" y objetos de "cristal".

Naturalmente, no es posible almacenarlo todo a base de categorías de materiales. Por un lado, no todos los objetos pueden ser fácilmente clasificados por un solo material, y cosas de una misma categoría pueden estar hechas de distintos materiales. Aquí, simplemente conviene tener en cuenta los materiales en el momento de almacenar objetos. Esto hace que el resultado final sea un orden mucho más claro y el almacenamiento una tarea más sencilla.

He desarrollado este sistema después de probar una gran diversidad de métodos, y veo que establece un nivel completamente diferente de pulcritud una vez que todo se ha almacenado. Cada material tiene un aura propia y particular. La tela y el papel, por ejemplo, que están hechos de materiales vegetales, respiran y parecen irradiar calor. El plástico es mucho más denso, no respira en absoluto, y hace que el pecho sienta como una opresión. Televisores, cables y otros objetos tienen un olor característico del material eléctrico. Colocar juntos objetos con vibraciones similares parece intensificar la impresión de pulcritud, tal vez porque sus auras sean compatibles.

Este es un punto en el que todos mis clientes que han almacenado cosas según el material están de acuerdo.

Las casas cuyas paredes y espacios de almacenamiento son de madera producen una sensación muy diferente de la que crean las que tienen un mobiliario predominantemente metálico. Lo propio se puede decir de las habitaciones con muchos libros comparadas con las que contienen una gran cantidad de aparatos eléctricos. Los materiales determinan la sensación que produce un espacio, y por eso es tan importante tenerlos en cuenta al planificar el almacenamiento. Cuando era niña, me divertía empujar las pequeñas gotas de aceite que flotaban en mi taza de *ramen* hasta formar una gran gota después de comerme todos los fideos. La sensación de justeza que se tiene cuando materiales afines se almacenan en un lugar común se parece a la satisfacción que sentía cuando se formaba aquel "continente" aceitoso en el mar del *ramen*.

Cajones como bandejas de *bento* japonés

"He reducido mucho la cantidad de cosas, pero todavía no lo bastante. Creo que debería reducir más, ¿verdad?" Esta pregunta me la hizo K en mi tercera visita a su casa. Ya había avanzado mucho en el proceso de ordenar, pero tenía la sensación de que no había terminado.

Durante este proceso, llega un momento en el que nos damos cuenta de que tenemos la cantidad justa de cosas.

Llamo a esto el punto de "clic". **Es el momento en el que, después de deshacernos de todo menos de lo que nos gusta, sabemos que tenemos todo lo que necesitamos para sentirnos contentos.** Desde que publiqué mi primer libro, he recibido bastantes mensajes de personas que anuncian con entusiasmo haber encontrado su punto del clic.

En casos como el de K, la causa suele ser obvia cuando examino el contenido de los espacios de almacenamiento. Abro un cajón y veo un conjunto de ropa correctamente doblada y colocada hasta los bordes, pero hay espacio para al menos otros cinco conjuntos. El siguiente cajón está lleno a la mitad. De hecho, todos los espacios de almacenamiento parecen bastante vacíos. Mi clienta me explica: "He reducido tanto, que creo que debería dejar espacio para otras cosas que vaya a comprar". Sé cómo se siente, pero esto es una bomba trampa. **La regla de oro para el almacenamiento es el 90 por ciento.** Una vez que hayamos elegido las cosas que nos gustan, el sistema correcto es llenar los cajones hasta que se vean llenos, pero no abarrotados.

Está en la naturaleza humana el deseo de llenar espacios vacíos. Si nuestro objetivo es llenar sólo el 70 por ciento y dejar que el sitio siga siendo "espacioso", no sólo perderemos nuestro punto de clic, sino que, antes de darnos cuenta, empezaremos a acumular cosas que no nos interesan, después compraremos nuevos elementos de almacenamiento y, finalmente, nos veremos como al principio. Si no hemos alcanzado el punto de clic, la mejor medida es tratar de llenar los espacios de cajones y armarios con la cantidad justa. Muchas veces esto puede por sí solo hacernos descubrir que lo que tenemos es suficiente.

Y esto le funcionó a K. Ella reorganizó su ropa de modo que los cajones estuvieran llenos, y luego llenó cualquier espacio restante con objetos de escritorio y cosas de bisutería. Antes de que se diera cuenta, las dos cajas de plástico que había dejado en el suelo de su habitación estaban vacías, y todo cabía perfectamente en el armario principal.

Al almacenar, imaginemos una bandeja de *bento* japonés. Esta comida dispuesta en una bandeja es parte tradicional de la cocina japonesa, y creo que ninguna otra cultura en el mundo se lo toma tan en serio como lo hace Japón. La presentación es muy importante, y los alimentos aparecen exquisitamente dispuestos, con sus distintos colores, en pequeños compartimentos. Cada año se producen incontables recetas específicas para el *bento*, y también cada año se celebra un concurso nacional en el que se elige el mejor *bento* servido en trenes y estaciones.

El *bento* compendia la estética japonesa del espacio de almacenamiento único. Sus conceptos clave son la separación de sabores, la belleza de la presentación y el ajuste perfecto. Si sustituimos "separación de sabores" por "separación de materiales", el almacenamiento de las cosas en un cajón opera exactamente con los mismos principios que la disposición de alimentos en una bandeja de *bento*.

Otro error que la gente suele cometer al almacenar cosas en los cajones es utilizar demasiados divisores. Eso está bien para separar, por ejemplo, la ropa de algodón de la ropa de lana en un cajón, pero no hay necesidad de hacerlo mediante la inserción de una caja interior o un separador. La finalidad de separar prendas es lograr un ajuste firme y cómodo. Como las ropas están hechas de fibras vegetales, necesitan cierta cantidad de espacio para respirar, pero no tanto que pierdan su calor. Almacenarlas en el cajón con la idea de que se den la mano o estén mejilla con mejilla produce una gran sensación de alivio.

Al almacenar calcetines y ropa interior, es peligroso utilizar bolsas especiales que proporcionen espacios individuales a cada elemento al modo de los capullos del gusano de seda. Cuando hay suficiente espacio de almacenamiento, esto puede no ser un problema, pero la compartimentación de cosas es ineficiente porque deja demasiados huecos. Peor aún: si hay demasiado espacio entre la ropa, esta sentirá frío, además de hallarse incómoda. Pero también debe evitarse apretujar las prendas tan estrechamente que no puedan respirar.

Los delgados y ligeros tejidos sintéticos, como los de poliéster, que tienden a estirarse si se pliegan demasiado, son la excepción. Estos deben guardárse en una caja más pequeña para separarlos de otros materiales. En algunos casos, otros tipos de *komono* que no están hechos de tela, como los cinturones, pueden guardarse mejor con separadores. Si se puede ver de inmediato lo que hay en el cajón, el almacenamiento estará bien hecho. Poder sacar las cosas del cajón con facilidad es sólo una ventaja añadida, no una necesidad.

Los cuatro principios del almacenamiento

Juntar todo lo perteneciente a una categoría es la parte más "festiva" de la fiesta del orden. Se empieza por la ropa. Cuando mis clientes forman con toda su ropa un gran montículo en el suelo y empiezan a comprobar qué prendas les producen felicidad, su excitación crece notablemente. "¡Esto es fabuloso! ¡Estoy descubriendo mi criterio sobre lo que me puede producir felicidad!". Pero en el momento en el que estamos listos para empezar a almacenar, por lo general nos hemos quedado sin tiempo. "Vaya, ahora tengo que recoger a mis hijos".

Me habría gustado seguirles la corriente cuando todavía están en medio de la fiesta, pero les pongo algunos deberes. Les digo que trabajen en el almacenamiento hasta la próxima lección, y que recuerden siempre **los cuatro principios: doblar la ropa, hacerlo en posición vertical, almacenarla en un sólo lugar y dividir el espacio de almacenamiento en compartimentos rectangulares.** Estos principios son aplicables no sólo a la ropa, sino también a todas las demás categorías.

Cualquier cosa suave y flexible debe doblarse. Y esto ha de hacerse no sólo con la ropa, sino también con guantes, *komono* de vestir, bolsas de plástico y ropa para lavar. Si algo es suave y flexible, es que contiene aire. Doblarlo permite sacar el aire. Esto reduce su volumen y maximiza la cantidad almacenable.

Todo lo que pueda colocarse de lado sin caerse, ha de ser almacenado en posición vertical, en vez de horizontal, dentro de un cajón: ropa doblada, objetos de escritorio, medicamentos y paquetes de pañuelos de papel. Esto no sólo nos permite aprovechar al máximo la altura del espacio de almacenamiento, sino que también es la mejor manera de saber al primer golpe de vista lo que hay almacenado.

Los objetos de la misma categoría han de estar en un único lugar. Quien viva en familia ha de ordenar primero por persona, luego por categoría y finalmente por tipo de material. Si sigue este orden, el almacenamiento será mucho más sencillo.

El último principio es dividir el espacio de almacenamiento en compartimentos rectangulares. Las casas son básicamente una combinación de espacios rectangulares, y, por lo tanto, los espacios de almacenamiento rectangulares y los compartimentos rectangulares dentro de esos espacios son los que mejor funcionan. Si utilizamos cajas vacías para el almacenamiento, es mejor elegir cajas rectangulares en vez de redondas.

Si la tarea de seleccionar lo que vamos a conservar es demasiado abrumadora como para recordar los cuatro principios, es suficiente centrarse en los dos primeros. "Si se dobla, quedará perfecto. Si se coloca en posición vertical, quedará perfecto". Si repetimos estas palabras como un mantra, podemos estar seguros de que necesitaremos mucho menos espacio y de que el interior del cajón estará siempre visible y ordenado.

Doblar la ropa como en el *origami**

E se encontraba ordenando su ropa. Acababa de hacer la "prueba de la felicidad", y después de una lección sobre lo más básico había empezado a doblarla. Por regla general, mis clientes doblan ellos mismos su ropa, pero yo les ayudo si tienen una gran cantidad. Nos pusimos a trabajar en silencio, sentadas una al lado de la otra en el suelo de su habitación, donde se hallaba amontonada la ropa que ella deseaba conservar junto a unas bolsas llenas de la que quería desechar.

Doblé una chaqueta con capucha, una camiseta con pliegues y un gran listón en la parte delantera, un suéter cerrado con mangas adornadas, una torera de punto con manga dolman que me recordó a una ardilla voladora, un suéter con mangas triangulares y alargadas… Habrían transcurrido unos diez minutos cuando me di cuenta de que allí había algo extraño. Mi clienta parecía tener demasiadas prendas de aspecto poco corriente. Continué doblando su ropa, pero fijándome en todo lo que ella hacía. Dobló una sencilla camiseta y un top elástico, pero cuando echó mano de un bolero asimétrico, lo puso en mi montón. ¡Entonces caí en la cuenta! Todas las prendas de formas extrañas y difíciles de doblar acababan en mi montón.

"¡Un momento, E!", exclamé.

"Lo siento. No puedo evitarlo; nunca sabré doblar algo así", dijo ella.

---

* Papiroflexia (*N. del T.*).

En los diseños modernos cada vez hay más dobladillos y mangas de formas irregulares. A la vista de los suéteres de cuello ancho y forma irregular, hoy de moda, casi es inevitable preguntarse cómo empezar siquiera a doblarlos, y ante unas mangas tan lacias como algas habrá quien tire la toalla. Pero el secreto para conseguir doblar prendas de formas tan caprichosas es muy simple: nunca darse por vencido. Las prendas de vestir son simplemente piezas rectangulares de tela cosidas unas a otras. Independientemente del aspecto que tenga, cualquier prenda siempre se podrá doblar en forma de rectángulo. Ante una forma irregular, respiremos profundamente y mantengamos la calma. Extendámosla sobre el suelo u otra superficie grande y llana de manera que podamos ver su forma. Así distinguiremos dónde se ha cosido tela adicional para darle volumen y de qué manera se confeccionó. Desde esta perspectiva, la forma adquiere mucho más sentido y la tarea de doblarla deja de ser desalentadora.

Una vez que hayamos distinguido la forma, sigamos las reglas básicas, doblando ambas mangas hacia el centro de la prenda para obtener un rectángulo. Si las mangas son particularmente anchas, podemos doblarlas varias veces para evitar que sobresalgan del borde del rectángulo. Una vez que la hayamos doblado en un largo rectángulo con el cuerpo de la prenda como centro, doblémosla por la mitad y luego volvamos a doblarla una o dos veces más.

La tarea de doblar es más eficaz si se la compara con el *origami.* Después de cada plegado conviene pasar la mano suavemente por toda la prenda antes de hacer el siguiente plegado. Aunque no es necesario un plegado fuerte pasando la uña por el borde, como se hace en el *origami*, si se aplica una presión firme la prenda mantendrá su forma largo tiempo. ¿Parece esto tanto trabajo que probablemente sólo seamos capaces de hacerlo a medias? Esto no debe preocuparnos. Hagamos la prueba una vez. Después de haber doblado la ropa con cuidado y correctamente una vez, la próxima vez será mucho más fácil; es como si las prendas recordasen la forma que les dimos. Después de un mes doblándolas de esta manera, ya no necesitaremos una superficie plana, pues seremos capaces de doblarlas sobre las rodillas o en el aire. Al fin y al cabo, la mayoría de los japoneses hacen grullas de papel como la cosa más natural.

La clave es usar la palma de la mano. Quien haya estado doblando sólo con los dedos, que trate de utilizar la palma de la mano, de la cual emana una especie de cálida "energía manual". Ese calor hace que las fibras de la prenda se levanten y tiren del tejido, como el papel, haciendo más fácil doblar la ropa como en el *origami*. Si se alisa y se dobla la prenda como en el *origami* hasta hacerla más pequeña de lo que cabría esperar, la ropa doblada se mantendrá así y se podrá guardar en posición vertical.

Las prendas de los niños, por cierto, no deben doblarse como las de los adultos, porque acabarían convertidas en unos pequeños y gruesos bultos que no permanecerán plegados. Conviene reducir el número de plegados hasta conseguir la forma rectangular que mejor se mantenga.

Todo lo que se necesita saber sobre el método de plegado KonMari

Quien haya aprendido a hacer un rectángulo doblando los bordes hacia el centro de la prenda, dominará el 90 por ciento del método de plegado KonMari. Y sabrá hacerlo con cualquier prenda: tal es su objetivo. El plegado de una prenda de vestir a menudo me recuerda a los sacerdotes que tallan estatuas budistas. Ellos miran fijamente un trozo de madera hasta ver dentro de él la forma de la figura, y luego tallan la madera hasta que la figura emerge. Aunque sé que ésta es una dimensión completamente diferente, la idea es similar. Extiéndase y mírese fijamente la prenda, y una vez que se vea en ella la forma rectangular, tómense las partes que están fuera de ese rectángulo y dóblense hacia dentro.

MÉTODO BÁSICO DE PLEGADO

1. Doblar los dos extremos de la prenda hacia el centro para formar un rectángulo.
2. Doblar el rectángulo longitudinalmente por la mitad.
3. Doblar luego por la mitad o en tercios.

El primer rectángulo es bastante largo. Doblarlo por la mitad ayuda a reforzar la forma de la prenda. Al doblarlo, es necesario sujetar la parte más delgada o más débil, que es el cuello en las prendas superiores y las piernas en los pantalones.

En vez de doblar hasta el borde de la parte inferior, conviene dejar un pequeño espacio. El objetivo de estos dos pasos es crear una forma más firme y clara, por lo que conviene ajustar la parte sujetada y la anchura de ese pequeño espacio de la forma que más convenga a la prenda. Después de esto, lo único que se necesita hacer es ajustar la altura volviendo a doblar por la mitad o en tercios la mayoría de las prendas. Para la ropa extralarga es posible que haya que doblar cuatro o cinco veces. Hay muchos pequeños trucos para hacerlo, pero básicamente estará bien hecho si el resultado final es un rectángulo liso.

Estos rectángulos se guardarán en posición vertical dentro de los cajones, pero antes es preciso comprobar si se mantienen en esa posición colocando cada uno verticalmente sobre una superficie. Si no se caen cuando retiremos las manos, habrán pasado la prueba y no se desharán cuando se los coloque en el cajón, ni aun sacando algunos o introduciendo otros. Si se deshacen, aunque sea débilmente, es necesario rehacer el plegado. Puede que el rectángulo sea demasiado ancho, o la altura de los plegados en el paso 2 o 3 excesiva o escasa, por lo que el rectángulo será demasiado grueso. En algunas prendas puede ser mejor saltarse el paso 2 y doblar directamente en tres partes. Experimentando se encontrará la manera de doblar perfectamente una prenda concreta, lo que llamo el "punto de oro del plegado".

Por supuesto siempre habrá excepciones. Por ejemplo, el primer paso para algunos tipos de prendas puede consistir en

Método básico de plegado

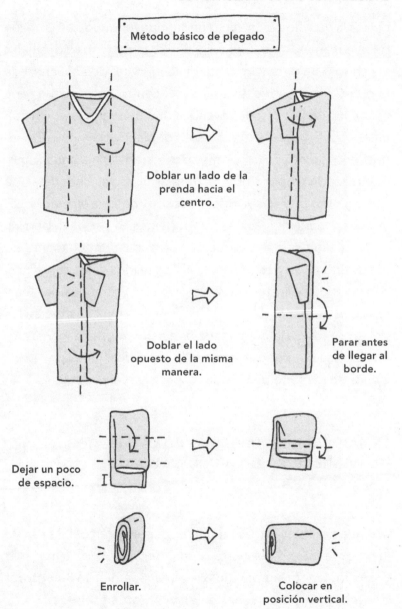

Doblar un lado de la prenda hacia el centro.

Doblar el lado opuesto de la misma manera.

Parar antes de llegar al borde.

Dejar un poco de espacio.

Enrollar.

Colocar en posición vertical.

doblar la prenda por la mitad en sentido longitudinal. La razón de que mi método básico exija doblar primero los lados hacia el centro para formar un rectángulo es evitar que el centro de la prenda se arrugue. Doblar en el centro hace que la ropa acabe arrugada. Pero las prendas que quedan muy bien con un pliegue en el centro se pueden doblar por la mitad en sentido longitudinal. Estas son las de tela acanalada o antiarrugas, que de todos modos no mostrará arrugas, las chaquetas de punto y otras prendas ya diseñadas con una línea en medio. Las arrugas generalmente no son importantes en la ropa deportiva.

Hay algunas prendas que, aún dobladas correctamente, no se sostendrán en posición vertical. Los tejidos delgados y finos, como los de poliéster, o suaves y gruesos, como los de lana y los de punto holgados, no mantienen la forma cuando se los dobla. En vez de intentar forzarlos a mantenerse tiesos, es mejor dejarlos tumbados después de doblados. Para las instrucciones de plegado de prendas especiales ver capítulo 4.

Planear el almacenamiento con la idea de deshacerse de muebles usados para almacenar

Aunque los detalles más singulares dependerán del diseño de la casa, hay dos reglas férreas para decidir dónde almacenar cosas: **utilizar primero sitios de almacenamiento incorporados a la casa y almacenar en ellos objetos grandes.**

Empezaremos por encontrar la manera de utilizar los sitios de almacenamiento incorporados. Pero antes recordemos el estilo de vida ideal que habíamos imaginado al comenzar el maratón del orden. Si tenemos fotos o recortes, echémosles un vistazo. Estoy segura de que muchas personas se darán cuenta de que su ideal era el de una casa más espaciosa y arreglada de lo que les parece en ese momento. Entonces, ¿cómo hacer que un hogar sea más espacioso? La respuesta es simple: deshacerse de muebles. Y no me refiero a la cama o al sofá; me refiero a los muebles utilizados para almacenar cosas.

Entonces la gente me dice: "¡Imposible!". Pero puedo asegurar que es perfectamente posible. En mis lecciones no tengo ninguna intención de utilizar otros sitios de almacenamiento que los que ya hay en la casa. No importa cuál sea el estado actual de una casa; cuando imagino el aspecto que tendrá después de poner orden en ella, visualizo cada habitación exactamente tal como era cuando se construyó. Imagino qué aspecto tendrá después de que todas las cajas de plástico transparente colocadas sobre el suelo hayan sido guardadas en armarios y cómodas y toda ella parezca nueva. A mis clientes les cuesta creerme cuando les aseguro que así es como verán su casa, pero en casi todos los casos les demuestro que tengo razón. Hay veces que, al final, un cliente tiene más cosas que le causan felicidad, haciendo que el resultado sea ligeramente diferente de lo que había imaginado. Pero siempre que parto de la imagen de la casa tal como era cuando se construyó, el nivel que alcanza el resultado final es mucho más alto.

La clave del éxito en el almacenamiento es empezar por llenar los espacios de almacenamiento incorporados a la casa en el supuesto de que puedan dar cabida a todas las pertenencias. Además de armarios y alacenas, también considero algunas unidades adscritas a muebles —cajones debajo de la cama o estantes en el mueble del televisor— como lugares de almacenamiento integrados. También incluyo algunas piezas del mobiliario de las que nadie quiere deshacerse, como tocadores o armarios y roperos herencia de la familia. Si la casa no tiene espacios de almacenamiento incorporados, está bien usar cualquier mueble de los que producen a su propietario la mayor felicidad.

Respecto a la segunda regla, la de almacenar primero los objetos grandes, entiendo por "grandes" simplemente los de gran volumen, como cajones de plástico transparente para guardar ropa doblada, aparatos de uso temporal, como estufas y ventiladores, y percheros. Coloquemos primero estos objetos en los espacios de almacenamiento incorporados. Si más adelante decidimos que alguno de ellos esté en una habitación en vez de en un armario, lo sacamos de allí. Pero guardar primero los objetos grandes en armarios y aparadores, y luego introducir otros más pequeños en espacios sobrantes, estimula poderosamente al "cerebro", con el resultado de un almacenamiento en el que todo encaja a la perfección. La gente a menudo se sorprende cuando se le dice que es más fácil almacenar cosas cuando el espacio es limitado, pero creo que las restricciones obligan a nuestro cerebro a pensar en toda su

capacidad, lo cual nos ayuda a llevar a cabo un mejor almacenamiento.

El almacenamiento ideal pone un arcoíris en la casa

En este libro nos centramos en la forma de almacenar objetos
comunes a la mayoría de los hogares, pero que pueden ofrecer
dificultades a la hora de decidir dónde almacenarlos. Para los
de la categoría de *komono* no mencionados, mientras sigamos
la primera y más importante regla, que es la de almacenar por
categorías, haremos bien el trabajo. No dudemos en establecer nuestras propias categorías para cosas que no encajan en
las normales de objetos de escritorio, cables eléctricos, medicinas o herramientas. Por ejemplo, las personas que se dedi-
quen al arte puede que necesiten la categoría de "materiales
de arte". Y si alguien es como una clienta mía a la que le gustaba coleccionar etiquetas, hasta el punto de tener dos cajones
llenos de ellas, puede establecer la categoría de "etiquetas".
A alguien con muchos intereses y todos los artículos a ellos
asociados, desde la caligrafía a la costura, puede convenirle
establecer la categoría general de "*hobbies*". Una solución
adecuada para un exceso de detergentes y de esponjas, que
no caben en un único sitio, es asignarles una categoría aparte
de "objetos de consumo" y reservarles un cajón entero de un
armario o del almacen.

No olvidemos almacenar cosas de naturaleza similar cerca unas de otras. El almacenamiento irá como la seda si esto se repite cada vez que haga falta. Algunas personas guardan su cámara digital junto a los elementos informáticos, ya que con ella tienen la misma sensación eléctrica, mientras que para otras, los vecinos lógicos de su ordenador son los objetos de escritorio, porque ambas categorías entran en la categoría más general de "cosas de uso diario". El proceso es como un juego de asociación de palabras. A medida que se desarrolla, pronto se encontrará que las cosas similares terminan, de un modo natural, unas al lado de las otras. En realidad, categorías aparentemente separadas se superponen ligeramente, coexistiendo en diversos grados de interconexión. La intuición y la búsqueda de esas conexiones para almacenar cosas cerca unas de otras harán esta gradación más evidente. En este sentido, el almacenamiento de nuestras pertenencias es como crear en casa un hermoso arcoíris. Y como se trata de una gradación, no hay que preocuparse si los límites entre categorías son un tanto borrosos.

El acierto será finalmente completo si se sabe a qué categoría pertenece todo lo que hay en casa y si la distribución resulta natural para las personas y las cosas. **Si la intuición dice que tal lugar podría ser el más apropiado, al menos en ese momento estará acertada.** Al considerar a qué categoría pertenece algo y dónde se deberá almacenar, es importante no pensar demasiado ni ser muy minucioso. Si ya se han elegido las cosas que se desea conservar, conviene relajarse y disfrutar del resto del proceso.

Puedo decir con total franqueza que no hay tarea más agradable que la de almacenar, pues estamos creando un hogar para las cosas que nos gustan al tiempo que exploramos sus interconexiones. Aunque pueda no parecer muy concreto, este enfoque intuitivo del almacenamiento es el mejor y más natural para que una casa nos resulte cómoda. La tarea de poner orden en un hogar consiste en acercarlo a su estado más natural. Y es también algo natural de uno mismo.

PARTE II

Enciclopedia del orden

4

Ordenando prendas de vestir

La campaña de ordenar empieza por la ropa. Lo primero es reunir todas las prendas de vestir que haya en cada rincón de la casa y apilarlas en un solo sitio. Y hacerlo con rapidez y de forma mecánica, como un robot. Cuando parezca que ya está todo, conviene echar una última mirada y preguntarse: "¿Está de verdad todo? ¿Habré olvidado algo que esté en el cajón de otra persona?" Es necesario implicarse lo bastante como para descartar que se haya pasado por alto alguna prenda aparte de las que en ese momento se encuentran en la lavandería.

Prendas superiores

Una vez hayamos formado la pila de ropa, es el momento de la "prueba de la felicidad". Tomemos cada prenda en nuestras manos y elijamos las que nos producen felicidad. Como ya comenté en el capítulo 1, es necesario empezar por las prendas superiores, porque con las prendas que están más cerca del corazón es más fácil saber si nos hacen o no sentir felicidad. También podemos definir las cosas que nos causan felicidad como aquellas que hacen que nos sintamos a gusto. Si, por ejemplo, nos gusta un traje porque es muy cálido, podemos conservarlo con toda confianza.

Si hay algo que sabemos que no querremos volver a ver, le damos las gracias y le decimos adiós. Pongamos en una bolsa las prendas que no nos alegra ver y entreguémosla a una institución de caridad o a una tienda de ropa usada.

Cómo doblar camisetas

La manera de doblar las prendas superiores de manga corta se describe en el método básico de plegado expuesto en la página 95.

Para las prendas superiores de manga larga, una vez que hayamos decidido el ancho que deseamos para la prenda doblada, sigamos el procedimiento básico de plegado de los bordes hacia el centro para formar un rectángulo. El truco

Cómo doblar prendas de manga larga

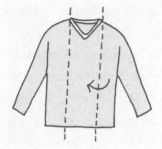

Doblar un lado hacia el centro.

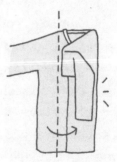

Doblar la manga de modo que se ajuste al ancho del rectángulo.

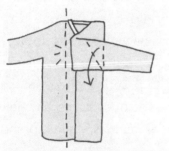

Doblar la manga hacia atrás y dejarla alineada con el borde del rectángulo.

Doblar la otra parte de la misma manera.

Doblar casi por la mitad, sin que ambos extremos coincidan del todo.

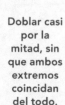
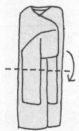

Doblar en tercios para adecuar la altura al espacio de almacenamiento.

Colocarla en posición vertical.

consiste en llevar la manga hasta el lado opuesto y luego doblarla hacia abajo siguiendo la línea de la prenda. Esto tiene por finalidad evitar que las mangas se superpongan y formen un bulto.

En mi primer libro dije que la manera de doblar mangas es cosa de cada cual, y esto es también lo que enseñé a mis clientes en mis lecciones privadas. Durante muchos años pensé que mi manera de doblar mangas largas era bastante común, y no veía la necesidad de explicarla con detalle. Pero, haciendo una demostración de este método a una reportera de una revista, ella me dijo: "Es una forma bastante original de doblar, ¿verdad?". Por primera vez me di cuenta de que la mayoría de la gente dobla las mangas hacia los lados en dos o tres pliegues. Mi manera de hacerlo podría no parecer diferente, pero recomiendo ponerla en práctica. Si pasamos la mano sobre el resultado final, veremos que casi no hay bulto perceptible en el sitio donde están las mangas, y que la prenda permanece doblada sin deshacerse.

En las prendas con mangas dolman, doblemos las mangas de la misma manera que normalmente doblamos cualquier prenda, y en muy poco tiempo tendremos un rectángulo. Si tiene olanes, doblemos la prenda por la mitad de manera que los olanes queden dentro.

Cómo doblar prendas superiores con formas singulares

Doblar las mangas dolman formando un rectángulo, y luego doblar de la manera habitual.

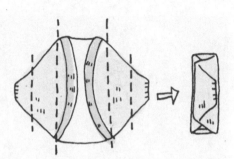

Está bien doblar primero la prenda por la mitad y luego formar un rectángulo.

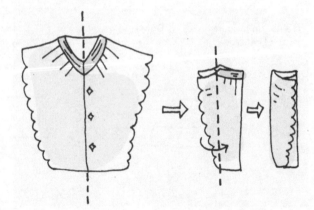

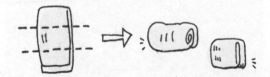

Una vez hecho el rectángulo, doblar de la manera habitual hasta obtener la altura correcta.

Cómo doblar prendas superiores con formas singulares

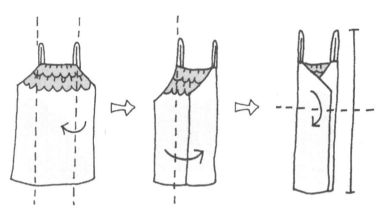

Doblar un lado hacia el centro.

Doblar el otro lado de la misma manera.

Doblar por la mitad incluyendo los tirantes.

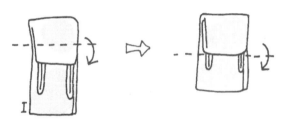

No olvidar dejar un poco de espacio.

Formar un rectángulo liso.

Cómo doblar camisolas

Los tirantes de las blusas sin magnas, medios fondos y tops no son ni extensiones ni decoraciones. Sin ellos, la prenda no sirve de nada, por lo que hay que tratarlos como una parte integrante de ella. Esto significa que, después de haber doblado ambos lados y haberla reducido así a un tercio de su anchura original, hay que doblar la prenda entera, con tirantes incluidos, por la mitad. Luego se puede seguir el procedimiento normal de plegado para ajustar el resultado final a la altura deseada. El tejido estriado o muy fino hace difícil la tarea de doblar algunas en tercios por la parte del torso. En estos casos es mejor doblar por la mitad.

Las de poliéster y otros tejidos muy ligeros no se sostendrán una vez plegadas de la forma habitual. Comiéncese doblando como de costumbre los lados hacia el centro para a continuación doblarlas por la mitad en sentido longitudinal. Enróllense luego desde el pliegue hacia arriba, y se mantendrán enrolladas más fácilmente. En muchos casos, todavía no se sostendrán por sí solas, pero en vez de criticar este fracaso, es mejor reconocer que su encanto reside en el hecho de ser tan pequeñas que pueden deslizarse fácilmente en cualquier pequeño espacio de la unidad de almacenamiento. Las demás prendas se mantendrán en su posición. Este truco también funciona con otras prendas ligeras, como las blusas de gasa.

Cómo doblar sudaderas y prendas de cuello de tortuga

Dóblense como de costumbre ambos lados hacia el centro de la prenda para formar un rectángulo. Dóblese luego la capucha o el cuello salientes, que son esencialmente ajenos, sobre el rectángulo. Esto simplifica la forma, y a partir de ahí sólo queda doblar la prenda para adaptarla a la unidad de almacenamiento. Si el cuello no se extiende mucho, doblarlo dentro del rectángulo hará que este sea más voluminoso. En estos casos, simplemente doblarlo de la forma normal sin doblar en el cuello.

Cómo doblar las prendas superiores gruesas

Si intentamos doblar prendas gruesas y voluminosas, como suéteres largos de lana, para formar bultos compactos que puedan sostenerse, de todas formas se expandirán con el aire, por lo que conviene doblarlas con relativa holgura. Si no se sostienen verticalmente en el cajón, podemos colocarlas horizontalmente. Sin embargo, ocuparán mucho espacio incluso plegadas, por lo que, durante la temporada en que no se usen, es mejor almacenarlas de forma más compacta.

La mitad del volumen es aire, por lo que la mejor solución es utilizar una bolsa comercial o una ajustable de cordón. Presiónese hacia abajo la prenda para sacarle el aire una vez

Cómo doblar sudaderas

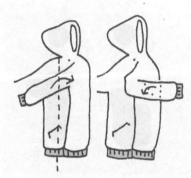

Extender la capucha
y luego doblarla
hacia dentro.

Formar un
rectángulo y
colocarla
verticalmente.

Cómo doblar prendas gruesas cuando no es su temporada

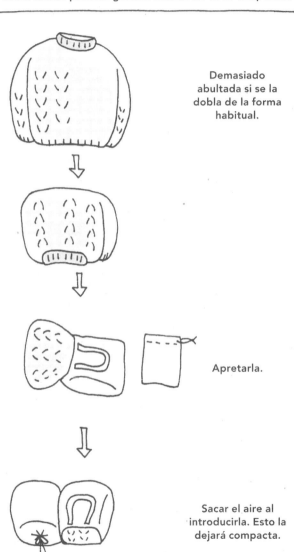

Demasiado abultada si se la dobla de la forma habitual.

Apretarla.

Sacar el aire al introducirla. Esto la dejará compacta.

introducida en la bolsa. Cualquier bolsa servirá mientras esté hecha de algún tejido con su trama, y hasta se podría utilizar un *furoshiki* (envoltura tradicional japonesa de tela) o un gran pañuelo. La clave es usar algo cuyo tamaño sea dos veces más pequeño para que la prenda se deshinche como si estuviera en una bolsa de vacío.

Cómo doblar prendas superiores con adornos

Los adornos son delicados. Se desprenden con facilidad, se enganchan a otras prendas y pueden resultar dañados cuando los sacamos o los metemos en el cajón. Por lo tanto, hay que tratarlos con sumo cariño. Cuando veo prendas con múltiples adornos, lo primero que hago es comprobar qué parte requiere la mayor protección. La prenda debe doblarse de manera que esa parte quede por dentro. Si los adornos están en un corpiño, hay que doblarlo de manera que la parte sin adornos quede fuera. Si tiene olanes, encajes u otros adornos en el dobladillo inferior, conviene recoger el dobladillo en vez del cuello cuando se pliegue por la mitad después de doblar las mangas. Si los adornos dejan de verse una vez doblada la prenda, la operación se habrá hecho correctamente. Los botones de los suéteres y el cuello de las playeras tipo polo también deben doblarse hacia dentro a fin de protegerlos.

Prendas inferiores

El primer paso es ordenar las prendas inferiores por categorías, tales como pantalones, jeans, faldas, etcétera. Si hay gran cantidad de un tipo de prenda, como faldas blancas o jeans, y no se está seguro de lo que se desea conservar, conviene probarse las prendas y considerar objetivamente la frecuencia con que se usan. Si no se ha usado algo durante años, es casi seguro que no se usará nunca más. Las prendas inferiores visten la parte inferior del cuerpo; elijamos las que nos produzcan felicidad.

La regla para su almacenamiento es doblar los pantalones de algodón, como los jeans, pero colgar los que sean más formales, como los pantalones de traje y en general los pantalones con raya. Al colgar faldas, se puede ahorrar espacio colocando dos faldas en la misma percha, preferentemente dos colores o formas similares.

Cómo doblar pantalones y *shorts*

Dóblese el pantalón colocando una pierna encima de la otra. Luego, dóblense las piernas hasta la cintura, pero sin tocarla, y finalmente dóblese el pantalón en tercios. Este es el método básico para doblar pantalones, pero el número de veces que se doblen las piernas debe ajustarse a la longitud. A los *shorts* sólo hace falta doblarlos una vez en sentido longitudinal

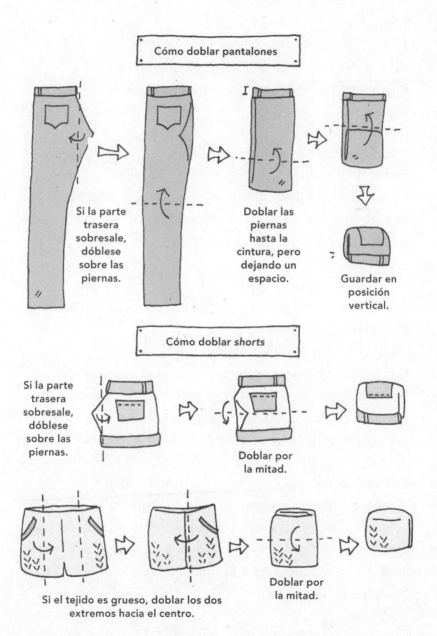

Cómo doblar pantalones

Si la parte trasera sobresale, dóblese sobre las piernas.

Doblar las piernas hasta la cintura, pero dejando un espacio.

Guardar en posición vertical.

Cómo doblar *shorts*

Si la parte trasera sobresale, dóblese sobre las piernas.

Doblar por la mitad.

Si el tejido es grueso, doblar los dos extremos hacia el centro.

Doblar por la mitad.

y luego otra vez por la mitad. Aunque puedan parecerse un poco a una bola, los *shorts* con más volumen, como las faldas-pantalón de mangas anchas y los *shorts* de lana, a menudo es mejor empezar doblándolos en tres partes, y luego por la mitad.

Si la parte trasera de unos pantalones sobresale después de haberlos doblado por la mitad, se puede conseguir un rectángulo más perfecto plegando la parte que sobresale hacia las piernas. Un empleado de una tienda me enseñó este truco, que me abrió los ojos, pues no tengo un solo par de pantalones largos.

Vestidos y faldas

Una de mis clientas, una declarada "fanática de los vestidos" y empresaria de éxito que tiene todo un armario lleno de ellos, llama al vestido su "uniforme de combate". Los vestidos deben ser colgados para aprovechar al máximo su capacidad para causar visualmente felicidad, pero si es necesario doblarlos, utilícese la ilustración como guía. Ante la interrogante de si conviene colgar o doblar una falda, la regla de oro es colgar sólo aquellas prendas que parecen agradecer que se las cuelgue. Por lo tanto, las faldas holgadas deben generalmente estar colgadas, pero es conveniente saber cómo doblarlas cuando se viaja o cuando no hay suficiente espacio para colgarlas.

Cómo doblar vestidos

No importa lo ancho que sea el vestido: dóblese para formar un rectángulo.

Doblar cada lado sin llegar al opuesto, y luego doblar el vestido por la mitad.

Doblar o enrollar el vestido hasta que quede a la altura del sitio donde se guardará.

Cómo doblar faldas

Doblarla formando un rectángulo.

Doblarla casi por la mitad, dejando espacio entre la cintura y el dobladillo, y luego doblarla dos o tres veces o enrollarla hasta que tenga la altura del espacio.

¡La falda también formará un rectángulo!

Cómo doblar prendas anchas de abajo

Puedo entender que la idea de doblar una falda o un vestido tan ancho de abajo como la falda del Monte Fuji amedrente a cualquiera. Pero, sea cual sea esa anchura, no hay que amilanarse. La extenderemos con calma y veremos que, como todos los tipos de vestidos y faldas, es simplemente una combinación de dos triángulos y un rectángulo. Todo lo que hay que hacer es doblar las piezas triangulares de ambos lados hacia dentro del rectángulo.

Si es excesivamente ancha, se puede ajustar plegando más veces las partes triangulares. Si la tela es demasiado fina y difícil de controlar, conviene empezar doblando la prenda por la mitad en sentido longitudinal. Una vez convertida la prenda en un rectángulo, se puede seguir el orden básico de doblarla por la mitad y luego varias veces más, o enrollarla hasta que tenga la altura deseada.

Ropa que cuelga

Las prendas de tejidos más gruesos, como chamarras, trajes y abrigos, deben guardarse colgadas de perchas, al igual que las que son difíciles de doblar o se arrugan fácilmente, como las camisas de vestir y las prendas de tejido más suelto.

Algunas de las prendas que cuelgan en el armario pueden haber sido muy caras, lo que podría hacer que seamos reacios a desprendernos de ellas. Pero este es precisamente el momento de realizar más seriamente la prueba de la felicidad. Quien no sienta felicidad cuando las tenga entre las manos pero le falte valor para desprenderse de ellas, puede preguntarse lo siguiente delante del espejo: "¿Voy a ir con esto a alguna parte?" Pensadlo desapasionadamente.

Al colgar la ropa, asegurémonos de disponerla de manera que su longitud disminuya de izquierda a derecha. Mantengamos juntas las prendas de la misma categoría: abrigos con abrigos, trajes con trajes, chamarras con chaquetas, y así sucesivamente.

Calcetines y medias

Reunamos no sólo los calcetines y las medias que estemos usando, sino también los que todavía estén en paquetes sin abrir. Si tenemos muchos, clasifiquémoslos por categorías: calcetines, medias, leotardos y mallas. Algunas personas piensan que en realidad no importa si llevan calcetines con agujeros o leotardos gastados, pero esto es como decir "hoy no importa". Los pies soportan el peso de nuestro cuerpo y nos ayudan a vivir la vida, y los calcetines envuelven nuestros pies. Los calcetines que usamos en casa (cuando prescindimos de zapatos y zapatillas) son especialmente importantes, pues son el punto de contacto entre la persona y su casa, por lo que hay que elegir los que hagan aún más agradable el tiempo que se pase en el hogar.

Hacer una bola con los calcetines y con las medias, o anudarlos, es una crueldad. Es el momento de poner fin a esta práctica.

Cómo doblar calcetines

Colocaremos un calcetín sobre el otro y los doblaremos juntos tantas veces como sea necesario según su longitud. Los calcetines son las prendas más simples, por lo que son un buen punto de partida para enseñar a los niños a doblar ropa.

Cómo doblar medias

En primer lugar, doblar una pierna sobre la otra, y luego aga-
rrar la parte de los dedos de los pies y doblar las medias en
tercios. Por último, enrollarlas como un rollo de *sushi* y colocarlas en posición vertical. Como las medias se separan fácilmente, lo mejor es colocarlas en esa posición dentro de una
caja con compartimentos, y luego guardar la caja en el cajón.

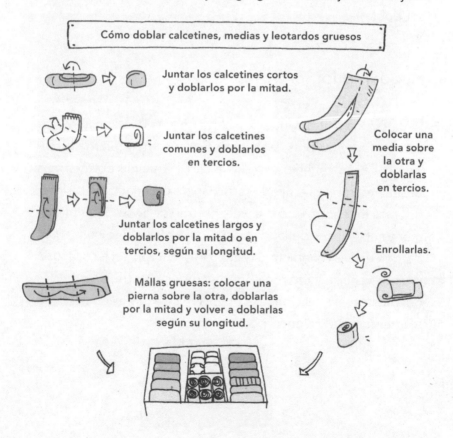

Cómo doblar calcetines, medias y leotardos gruesos

Juntar los calcetines cortos y doblarlos por la mitad.

Juntar los calcetines comunes y doblarlos en tercios.

Juntar los calcetines largos y doblarlos por la mitad o en tercios, según su longitud.

Mallas gruesas: colocar una pierna sobre la otra, doblarlas por la mitad y volver a doblarlas según su longitud.

Colocar una media sobre la otra y doblarlas en tercios.

Enrollarlas.

Cómo doblar mallas gruesas

Aunque las mallas tienen la misma forma que las medias, si son bastante gruesas hay que doblarlas como los pantalones en vez de enrollarlos como las medias. Las medias se enrollan sólo porque el material es demasiado fino como para doblarlas correctamente. Cuando, al enrollar unas mallas, se nota que son demasiado gruesas o tiesas, es señal de que preferirían ser dobladas.

Ropa interior

La categoría de ropa interior incluye no sólo las pantaletas, los calzoncillos y los bras, sino también ropa interior larga de invierno. La ropa interior es, con mucho, la que mis clientes más desean reemplazar cuando terminan de ordenar. La ropa interior será exteriormente invisible, pero se debe someter plenamente al "sensor de la felicidad" para elegir qué conservar, porque está en contacto directo con el cuerpo. Incluso la ropa interior sencilla y práctica puede contarse entre las prendas que nos causan felicidad si con ella nos sentimos cómodos o mantenemos el calor corporal.

Cómo doblar la ropa interior

Al doblar las pantaletas, que a menudo están hechas de material fino y ligero, obtendremos mejores resultados si procuramos reducirlas a un tamaño mínimo. La entrepierna es la parte más delicada, y debe doblarse interiormente, mientras que los adornos, tales como un listón en el centro de la cintura, deben doblarse de modo que queden visibles. Comiéncese extendiéndolas con la parte trasera hacia arriba. Dóblese la entrepierna hasta justo debajo de la cintura; luego los lados de manera que la entrepierna quede en el interior, y finalmente enróllese de abajo arriba. Al volverlas deben tener la forma de un rollo primavera que muestre solamente la parte delantera de la pretina.

La ropa interior demasiado suave y sedosa para permanecer plegada, como las combinaciones, puede doblarse y enrollarse. Si la ropa interior está hecha de material tan fino que se despliega tan pronto como se termina de plegarlo, es mejor guardarla en una caja más pequeña. Una caja de pañuelos serviría porque es de la misma anchura que las bragas. Una caja de pañuelos desechables puede almacenar alrededor de siete unidades. Por supuesto, otro tipo de caja también servirá, siempre que se ajuste a estas prendas y sea agradable de ver. Las que parecen cordones más que ropa interior tienden a deshacerse cuando se las dobla, y la mejor manera de almacenarlas es emplear su pequeña caja o introducirlas entre otras prendas que las mantengan verticales.

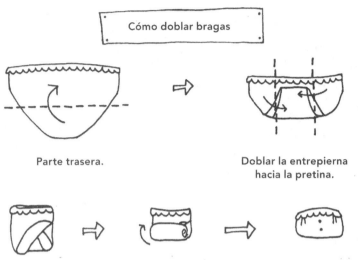

Cómo doblar bragas

Parte trasera.

Doblar la entrepierna hacia la pretina.

Doblar los lados sobre entrepierna y enrollarla.

Darle la vuelta de modo que se vean los adornos de la pretina.

Cómo doblar calzoncillos y slips

Doblar los extremos hacia el centro para formar un rectángulo; doblar por la mitad y luego en tercios.

Enrollar la ropa interior de algodón u otro tejido grueso sólo la hará más gruesa y ocupará más espacio. En vez enrollarla como último paso, es mejor doblarla.

Los calzoncillos y las trusas han de doblarse hacia la parte central para formar un rectángulo, luego por la mitad y finalmente en tercios. Cualesquiera otras prendas interiores deben doblarse y almacenarse como ropa normal.

Los colores claros delante y los oscuros detrás

Almacenaremos la ropa interior de colores más claros en la parte delantera del cajón, y la de colores más oscuros progresivamente en la parte trasera. Si se la alinea de esta manera, el cajón se parecerá a una caja de bombones. Mis clientas me dicen con frecuencia que encuentran su cajón de ropa interior tan bonito, que no pueden resistirse a abrirlo para contemplar el contenido. El mismo principio vale para los calzoncillos y trusas de hombre, y quedan muy bien ordenados de los más claros a los más oscuros.

Mis clientas también me preguntan a menudo qué deben hacer si tienen más de una fila de ropa interior, o si está bien dejar la ropa interior en los espacios entre otras prendas. La respuesta es sí, siempre y cuando al abrir el cajón se pueda apreciar a simple vista que la gradación de colores claros a colores oscuros empiece delante y termine detrás. No hay una norma estricta, así que conviene experimentar para ver qué método de almacenamiento nos alegra la vista. Pues lo que realmente importa es esta felicidad. Veamos qué es lo que más nos conviene entablando un diálogo con las cosas en nuestra propia casa. Buscar inspiración en esta particular conversación es el método más adecuado. **Ahora que hemos aprendido a seleccionar las cosas que nos producen felicidad, confiemos en nuestra intuición.** El factor de la felicidad nunca miente.

Vivir en un espacio limpio y ordenado mejora automáticamente la imagen que tenemos de nosotros mismos, y difícilmente encontraremos alguna discrepancia entre nuestro entorno, que nos llenará de felicidad, y las prendas interiores que estemos usando. Esto es parte de la maravillosa magia del orden.

Tratemos los bras como prendas aristocráticas

Los bras ocupan el primer puesto en la lista de cosas que mis clientas reemplazan tan pronto como terminan de poner orden. De todos los mensajes que recibo después de mis lecciones los más usuales son los que llamo "Las declaraciones sobre los bras", declaraciones como: "Mis bras desgastados por fin han salido de casa", "Los bras que han superado su fecha de caducidad se han ido de viaje" y "He jubilado los bras más viejos de mi colección".

Dudo que haya alguna otra profesión que permita un examen tan íntimo de la ropa interior de otras personas. Desde esta perspectiva, tendría que decir que la forma de tratar la gente sus prendas interiores revela muchos aspectos de su personalidad.

En primer lugar, las pantaletas y los bras deben guardarse por separado. A veces me encuentro con mujeres que introducen unas bragas en una de las copas de un bra para formar un conjunto. Aunque no hay nada malo en esto, las animo a tratar sus bras como prendas aristocráticas. En comparación con otras prendas, tienen un orgullo especial, y emiten un aura distintiva. Los bras nunca se ven cuando se llevan, a pesar de su forma poco común y sus variados diseños adornados con olanes y encajes. Son más un accesorio invisible que una prenda de vestir, y por lo tanto deben ser almacenados de una manera que conserve y respete su belleza.

Un error común y lamentable es aplastar las copas y luego alinearlas. Esto no está bien. Lo que debe hacerse es colocar los bras en contacto unos con otros formando capas. Si de doblan los tirantes y los laterales hacia dentro de las copas, estas se refuerzan y es más fácil sacar un bra sin alterar el resto de la fila.

Doblar los tirantes y los laterales
hacia dentro de las copas.

Formando con ellos una gradación de color, alegrarán más la vista. Cuando mis clientas cambian a este método, sus rostros siempre se iluminan. "¡Así los muestran en los escaparates!", exclaman. Es interesante que todas mis clientas me cuenten que, cuando tratan sus bras con más respeto, también se vuelven más respetuosas con otras cosas.

¿Cuál es el lugar ideal para un bra? En mi libro, la última propuesta era dedicarles todo un cajón de madera o mimbre. Pero al margen de lo que se decida hacer con los bras, recomiendo que tengan un sitio exclusivo. Esto por sí solo puede llenar de felicidad el corazón de una mujer.

Ordenar los bras es de hecho una excelente manera de reforzar el factor felicidad. Mis clientas suelen estar dispuestas a comprarse unos nuevos tan pronto como terminan de ordenarlos. De promedio adquieren otros al cabo de una semana, y unas pocas incluso salen conmigo para comprarlos nada más al concluir la lección. En una ocasión, una de mis clientas proclamó: "¡Este bra no me produce ninguna felicidad!" Para mi sorpresa, se quitó delante de mí el bra negro liso que llevaba puesto y lo echó a la bolsa de la basura. En nuestra siguiente lección, esa misma clienta me mostró, con evidente placer, el sitio de sus bras. Era una cesta de mimbre que había utilizado anteriormente para guardar toallas, y los bras estaban dispuestos de una manera muy elegante en sus distintos colores.

Un armario/ropero feliz

Guardar ropa es fácil. Hay tipos de ropa que colgamos en ganchos. Si las prendas que suelen colgarse son demasiadas, debemos doblar la mayor cantidad posible de ellas para ahorrar espacio y guardarlas en un conjunto de cajones dispuestos debajo de la barra. También podemos utilizar estos cajones para guardar ropa perteneciente a la categoría de *komono* y otras cosas de esta misma categoría que tenga en ellos un buen sitio, como accesorios y efectos de uso diario.

En general, el estante que se encuentra en la parte superior del armario se utiliza para guardar bolsos, sombreros, *komono* de temporada y objetos de valor sentimental. Si más de una persona utiliza el armario, es necesario asignar un espacio individual a cada persona. Si se tienen algunas cajas de plástico o estantes vacíos, recomendaría su uso como unidades de almacenamiento y colocarlos en el interior del armario, si hay sitio. Quien se acabe de mudar y no tenga cajones para guardar ropa, el momento perfecto para comprar algunos es cuando haya realizado su prueba de la felicidad.

Quien tenga un armario de vestidor, debe aprovechar al máximo su impresionante profundidad y anchura. Elija cajones profundos que se ajusten perfectamente al armario de vestidor para guardar ropa doblada. El estante superior también se puede utilizar para almacenar prendas de temporada y cosas que sólo se utilicen ocasionalmente, como adornos para fiestas u objetos recreativos.

El gran atractivo de los armarios de vestidor es el hecho de que son profundos. Sin embargo, las paredes lisas pueden parecer muy grandes y deslucidas. Como ya comenté páginas atrás, esto nos da una oportunidad perfecta para añadir un poco de esencia de felicidad. Una de mis clientas cubrió un rincón de su armario con fotos de su boda y guardó en ese sitio todo lo relacionado con ella, incluidas las invitaciones y la caja de los anillos. "Me daba algo de vergüenza guardar estas cosas donde todo el mundo pudiera verlas. Ahora, sólo tengo que abrir la puerta del armario para volver a sentir aquella felicidad del día de mi boda".

La tímida sonrisa dibujada en el rostro de aquella clienta, normalmente serio y formal, me trajo también a mí dulces recuerdos.

El armario del vestidor es un espacio donde uno es libre de hacer lo que quiera. Una clienta, que disfrutó mucho hallando soluciones creativas, utilizó el espacio inferior como estacionamiento de los juguetes de montar que tenían sus hijos. Este sitio acabó siendo muy popular, pues los niños hicieron un juego de la tarea de estacionar esos juguetes cuando dejaban de usarlos. **Si vemos el armario del vestidor como una pequeña habitación, seremos capaces de crear un hermoso espacio de almacenamiento.**

Mis ideas sobre los armarios evolucionaron con mis propias experiencias. Un día me quedé asombrada al descubrir que yo no era en esto la primera. Mientras visitaba el Museo Yayoi, situado en el barrio de Bunkyo, Tokio, vi una ilustración con el último armario japonés. Titulada "Ideas del armario", mostraba un armario con una estantería en su interior. Una bonita muñeca descansaba en la parte superior, y una vistosa tela cubría los estantes para ocultarlos. La ilustración aparecía en *Himawari*, una popular revista femenina publicada por el célebre Junichi Nakahara en 1948. Obviamente, más de sesenta años antes, alguien no sólo usaba el armario japonés al estilo occidental, sino que además lo embellecía. La ilustración demostraba mi teoría de que el armario debe considerarse una prolongación de la habitación. Es un maravilloso espacio de almacenamiento que puede ser decorado igual que una habitación y que se oculta detrás de sus puertas cerradas.

Decidir dónde almacenar una cosa es darle un hogar

Muchas personas colocan los cajones de ropa en la parte inferior de sus armarios. Pero ¿cuál es la mejor manera de organizar el contenido de esos cajones? Es más fácil lograr que el contenido produzca felicidad si buscamos un estado natural que nos siente bien.

Si, por ejemplo, una cómoda tiene varios cajones, es más natural colocar las cosas más ligeras en la parte superior, y las más pesadas en la parte inferior. De igual modo, las prendas de vestir de la parte superior del cuerpo se colocarían en los cajones superiores, y las de la parte inferior en los cajones inferiores. Y de igual modo, los materiales ligeros, como el algodón, se guardarían en los cajones superiores, y los gruesos y pesados, como la lana, en los cajones inferiores. También es más natural guardar las cosas que nos ponemos en la cabeza o cerca de ella, como las bufandas y los sombreros, cerca de la parte superior. Si aplicamos este principio, tendremos un conjunto "ascendente" de cajones, y ello, combinado con el principio de colgar la ropa en modo ascendente de izquierda a derecha, creará un espacio de almacenamiento ideal que alegraría la vista.

Ordenemos los colores de modo que baste un vistazo para saber dónde está todo y al mismo tiempo poder apreciar la tendencia de nuestra ropa en cuanto al color. En general, los colores oscuros deben estar en la parte trasera de los cajones, y los claros, en la delantera. Si los disponemos imaginando

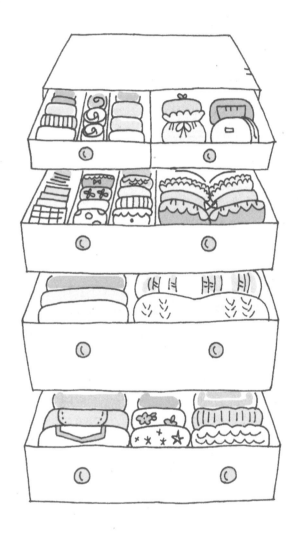

una ola de felicidad que se lanza sobre nosotros, sentiremos una oleada de placer cada vez que abramos el cajón.

Una vez que hayamos alcanzado un equilibrio general, es el momento de examinar más de cerca el interior de cada cajón. **Comparemos nuestro armario con el mundo natural, e imaginemos el interior de los cajones como el hogar natural de las cosas que ellos contienen.** Un sentido de la estabilidad y el orden son esenciales si vamos a crear un espacio donde nuestras cosas puedan reposar y tener el descanso que necesitan. Como ya comenté, un lleno del 90 por ciento es lo ideal en un cajón, pero las prendas de tejidos finos, como la ropa interior, las medias y los leotardos, necesitan estar algo más apretadas para que no se desenrollen.

Si los cajones son muy profundos, también se pueden almacenar cosas en capas dentro del mismo cajón llenando la parte inferior del cajón con ropa doblada para luego colocar encima una caja poco profunda y extraíble con más ropa doblada dentro.

También se puede hacer que el cajón quede arreglado y ordenado manteniendo los diversos *komono* relacionados con la ropa en una caja separada en su interior. Por ejemplo, tirantes extraíbles de los sujetadores, lazos y botones que no se pueden tirar, pueden guardarse en una caja redonda.

Algunas personas pensarán que prestar atención a estos detalles no supone ninguna diferencia. Es cierto que el efecto de felicidad en la tarea del almacenamiento no es inmediato. En comparación con el drama de la reducción, con su acumulación diaria de bolsas de basura y su drástica transformación del espacio, el almacenamiento consiste en mover tranquilamente cosas y hallar felicidad en los pequeños logros. Pero hay algo más que se ha de tener en cuenta. Ordenar en el verdadero sentido de la palabra no significa sólo dejar atrás la reducción. Hay que elegir un lugar de almacenamiento cómodo para cada cosa que se haya decidido conservar, un lugar donde la cosa pueda relucir en todo su potencial. Las cosas elegidas afirman la vida. Debemos crear un espacio donde puedan sentirse a gusto.

Personalmente siento que **la esencia del proceso de almacenar cosas es apreciar las cosas que poseemos y esforzarnos por hacer que nuestra relación con ellas sea lo más especial posible.** Decidir dónde almacenar algo es darle un hogar. Puedo asegurar que después de llevar a cabo el almacenamiento conforme a los "rincones de la felicidad", reconoceremos unos beneficios que nunca habríamos obtenido sólo deshaciéndonos de cosas.

Método de la bolsa en la bolsa

Guardar las bolsas juntas. Las bolsas se protegen mutuamente.
Lo mejor es guardar una bolsa dentro de otra.

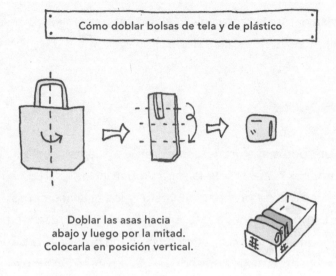

Cómo doblar bolsas de tela y de plástico

Doblar las asas hacia
abajo y luego por la mitad.
Colocarla en posición vertical.

Bolsas y bolsas de mano

Las bolsas deben tratarse como parte de la categoría de ropa, ya que también se guardan en el armario. Hay quienes todavía guardan bolsas que antes utilizaban a diario, pero que luego los sustituyeron por otros similares. Parece que es un fenómeno muy común entre las personas que poseen gran cantidad de ellas. Aunque tengan tantas, por lo general son muy pocas las que pueden utilizar. Si no cambian conscientemente de actitud, las que les gusten acabarán sepultadas en el montón de las que nunca se usan. Al menos, eso es lo que me pasó a mí.

Una vez se haya terminado de elegir las bolsas, recomiendo el método de la "bolsa en la bolsa", es decir, guardar una bolsa dentro de otra bolsa. Las bolsas plegables, como las de tela, pueden guardarse dobladas.

Accesorios

Desde corbatas, cinturones, sombreros y guantes hasta collares y broches retirados de la ropa y guardados aparte, todos son accesorios de prendas de vestir, y los clasifico como *komono*. Es posible tener accesorios que ya no interesan, o una capucha que ya no hace juego con ninguna prenda. Conservar estos accesorios "por si acaso" se les encuentra otro uso no es nada bueno. Hay que aceptar la realidad: nunca más se utilizarán, y lo más lógico es despedirse de ellos.

Una vez hemos terminado de seleccionar, el almacenamiento enseguida nos parecerá perfecto si doblamos bufandas, gorros de lana y otros elementos plegables y los guardamos en un cajón de la cómoda y si almacenamos artículos no plegables en una pequeña caja dentro de un cajón o los dejamos fuera y a la vista como artículos en un escaparate.

Hagamos el almacenamiento de accesorios lo más atractivo posible

En Japón hay un proverbio que dice que "la belleza no se hizo en un día". Aunque nos lleve tiempo, hagamos el almacenamiento de accesorios tan atractivo como nos sea posible. Cuando trabajo con una clienta en el almacenamiento de accesorios a partir de cero, pasamos más tiempo ocupadas en esto por pulgada de espacio que en cualquier otro menester. Recomiendo encarecidamente organizar los accesorios para que el interior del cajón semeje un escaparate y cada vez que se abra cause emoción.

Si no hay un tocador, se puede usar un cajón de un mueble de cajones o el cajón superior, de poca profundidad, de un escritorio. Y utilizar pequeñas cajas vacías como divisores. Además de las cajas donde entren los accesorios, incluidas las tapas y los fondos, podemos probar con cajas que tengan compartimentos como las de bombones. Aunque el uso de cajas vacías que se tengan a mano es rápido y conveniente, puede que nos preocupe la apariencia. Por supuesto, las cajas deben pasar esta prueba. Una caja de pañuelos desechables, por ejemplo, no la pasará, porque es demasiado ordinaria. Recomiendo las cajas resistentes forradas de papel o de seda.

Si no se dispone de este tipo de cajas, no hay por qué preocuparse. Una vez en el cajón, sólo la parte inferior es visible. Incluso las cajas más comunes sirven si se les coloca en la parte inferior un papel bonito. Ésta es una oportunidad para utilizar cosas que nos alegraban la vista pero que aún no les habíamos dado un uso: postales, papel de envolver y bolsas con dibujos agradables, que podemos recortar para cubrir la caja.

Los objetos pequeños de cristal o de cerámica también nos pueden servir como contenedores de accesorios. Una de mis clientas guardaba accesorios en un cenicero de cristal escandinavo que le gustaba mucho y había comprado por impulso, y el efecto era muy bonito. También se puede utilizar, como alternativa a un cajón, una bolsa de cosmética o un joyero. Quien tenga un joyero que le guste, que no dude en utilizarlo. Los joyeros no sólo son cajas específicamente diseñadas para que las joyas luzcan también cuando están dentro de él, sino que además ahorran tiempo y problemas de búsqueda, y su uso es la manera más fácil de concluir el almacenamiento de accesorios.

Quien tenga un joyero pero no le guste especialmente puede desmontarlo y utilizar sus partes. A menudo doy un susto a mis clientas al tomar un joyero del que están a punto

de desprenderse, tirar de la parte superior con un fuerte chas-
quido y presionar con los dedos a ambos lados de las tres
tiras forradas donde se colocan los anillos para arrancarlas.
Luego coloco el joyero sin tapa en el cajón, al que se ajusta
perfectamente, e introduzco las tiras en una caja separada,
transformando estos elementos en separadores perfectos. Un
espíritu lúdico y una disposición propia del artesano marcan
una gran diferencia cuando se necesitan separadores para los
accesorios.

Las cadenas y los collares delicados se pueden mantener
desenredados extendiéndolos por los canales abiertos entre
los separadores. Esto es fácil de hacer si se utilizan cajas de
papel rígido o de cartón. También se pueden doblar ligeramente los dientes de una peineta decorada y colocar una
cadena sobre cada diente.

Otra cosa que recomiendo es el almacenamiento abierto,
es decir, disponer los accesorios de modo que queden a la
vista. Si se tiene un panel de corcho, puede utilizarse para colgarlos, y no usando chinches normales, sino aretes de argolla
que hayan perdido su pareja; o simplemente usar esas argo-
llas para decorar y animar el panel. Un método más sencillo es
utilizar un cajón o una caja para guardar la mayor parte de la
colección, y depositar los accesorios de uso diario en un pequeño recipiente o en una bandeja.

Corbatas

Procuremos almacenar las corbatas de una forma atractiva, y de tal manera que sea fácil elegirlas. Una manera de almacenarlas es colgarlas. Se puede utilizar un gancho de corbatas, un gancho normal o, si la hay, la barra para corbatas de la puerta del armario.

Otra manera de almacenarlas es enrollarlas y ordenarlas dentro de un cajón. Podemos hacer esto último dándoles la forma de rollos de *sushi* con la parte más ancha hacia arriba, o como un trozo de niño envuelto con la parte lisa también hacia arriba.

Accesorios para el cabello

Los accesorios para el cabello son elementos comunes que la gente mezcla con los accesorios habituales. Si ya no se usa cierta dona para el pelo, pero sus adornos brillantes no dejan de ser atractivos, no conviene tirarlo. Hágase otro uso de él. Se puede anudar al cuello de un gancho o convertirla en una borla de cortina. Es divertido hacerse uno mismo sus propios artículos originales, que siempre serán agradables a la vista.

Al almacenar estos accesorios, también hay que prestar atención a su apariencia. Su almacenamiento parecerá más arreglado si se hace en compartimentos separados: uno para las pinzas del pelo y otro para las donas para el pelo; pero si no se tienen muchos, no hay necesidad de separarlos.

Calzado

Por lo general, la gente no considera los zapatos como prendas de vestir, pero en el método KonMari se incluyen en esta categoría, y deben someterse igualmente a la prueba de la felicidad. Una vez reunidos los zapatos de todos los rincones de la casa, procedamos a alinearlos sobre papeles de periódico extendidos por el suelo y agruparlos según el tipo: sandalias, zapatillas de deporte, botas y zapatos formales.

Fijémonos en cada par: los habrá que nos alegre verlos. Si hay algunos que no se ajustan bien y hacen daño a los pies, es el momento de deshacerse de ellos. Los zapatos son importantes. En Japón usamos la expresión "mirar los pies de una persona" con el sentido de valorar a alguien. Si usamos unos zapatos que alegran la vista, ellos conducirán nuestros pasos hacia un futuro más prometedor.

Almacenar zapatos: una felicidad en continuo aumento

Sólo hay dos métodos para almacenar los zapatos: colocarlos directamente en un estante para zapatos, o en los estantes del armario, o bien guardarlos primero en sus cajas y luego organizar las cajas en el armario. Si hay estantes suficientes, es mejor alinearlos sin sus cajas, porque las cajas ocupan espacio innecesariamente. Pero si en cada caja cabe más de un par de zapatos, ésta puede ser una forma más eficaz de almacenamiento. Elijamos los zapatos que no pierdan su forma con facilidad y guardémoslos de lado. E intentemos encajar dos pares de calzado más ligero, como las sandalias de playa, en una sola caja.

Un principio básico del almacenamiento es reducir el volumen y aprovechar la altura. Pero no podemos reducir el volumen de los zapatos, por lo que nuestra única opción es aprovechar la altura del espacio de almacenamiento. Los sitios destinados a almacenamientos vienen aquí muy bien. Las disposiciones en forma de Z aprovechan la altura de los estantes si colocamos un zapato encima de otro, lo cual duplica la cantidad de espacio disponible.

Mi lema para el almacenamiento del calzado es: "Una felicidad en continuo aumento". Las cosas más pesadas van a la parte inferior, y las más ligeras van ascendiendo a la parte superior. Primero se asigna un espacio a cada persona de la casa. Si se tienen varios estantes por persona, se colocan los zapatos más normales, como zapatillas y zapatos de piel, en la parte inferior, y los más ligeros, como las sandalias, en la parte superior.

Consejos para hacer una maleta

Hacer una maleta para los viajes de negocios o de placer sigue los mismos principios básicos que los del almacenamiento en el hogar. La ropa debe doblarse y colocarse en posición

vertical. Los trajes, doblados, deben colocarse horizontalmente arriba del todo. Los sujetadores también arriba, y sin
aplastarlos. Las cosas pequeñas, como la ropa interior, deben
ir en una bolsa, y las lociones y artículos de aseo y tocador, en
frascos más pequeños para reducir el volumen.

Deshacer la maleta me gusta aún más que hacerla. En
cuanto llego a casa, saco todas las cosas de la maleta, pongo
la ropa sucia en la lavadora y devuelvo todo lo demás a su sitio.
Luego limpio el exterior de la maleta y las ruedas. Me doy un
plazo máximo de treinta minutos. La clave consiste en imagi-
narse que uno es un robot moviéndose con rapidez y eficacia.

QUÉ HACER CON LA ROPA DE LA FAMILIA

Una de las preguntas que con más frecuencia me hacen las personas que viven con su familia es: "¿Cuándo debo ordenar la ropa de mi familia?".

La regla básica del orden es centrarse primero en las cosas propias. Una vez concluida esta tarea, puede uno ayudar a sus hijos o a su cónyuge a ordenar su ropa. Pero hay que dejarles a ellos la tarea de elegir las cosas que quieran conservar. Mi experiencia de enseñar a ordenar me dice que la mayoría de los niños de tres o más años pueden elegir las cosas que les producen felicidad.

Si algún familiar se muestra reacio a desprenderse de algo, únicamente con enseñarle a doblar la ropa y guardarla en posición vertical se conseguirá no sólo que su espacio esté más arreglado, sino que además se le motivará, como a menudo sucede, para que empiece a desprenderse de cosas. Aunque no muestre ninguna inclinación a poner orden en sus cosas, no se debe hacer lo que yo hice una vez: empezar a tirar sus cosas sin preguntar.

5

Ordenar libros

Consejos para los que piensan que no pueden desprenderse de ningún libro

Quien crea que los libros son las únicas cosas de las que no puede desprenderse y por este motivo haya evitado ordenarlos está en un tremendo error. Ordenar los libros es la mejor manera de aumentar la capacidad de sentir felicidad y la disposición a tomar ciertas medidas.

La razón más común de que la gente no acepte la idea de deshacerse de un libro es la posibilidad de que quiera volver a leerlo. Pero si un libro no despierta interés ni produce felicidad, es casi seguro que nunca más se vuelva a leer. Leemos libros porque buscamos la experiencia de su lectura. Una vez leído, un libro ya se ha "experimentado". Incluso si no se recuerda bien el contenido del libro, este ya se ha interiorizado.

En cuanto a los libros leídos a medias o jamás leídos, lo más sensato es deshacerse de todo el lote. Por supuesto que los libros valiosos, o aquellos por los que se sienta más apego personal, o los que se necesiten, deben conservarse. Si uno se queda sólo con aquellos libros que aprecia, descubrirá que la calidad de la información que recibe cambia notablemente. La habitación que le queda tras deshacerse de determinados libros parece crear espacio para un volumen equivalente de nueva información. Pronto veremos que la información que se necesita se obtiene sólo cuando se necesita, y cuando se obtiene, uno advertirá que responde a ella de inmediato y conforme a un nuevo patrón de comportamiento que no era posible cuando se dedicaba a acumular libros y dejar de lado la información que contenían.

Al igual que con la ropa, debemos empezar por retirar todos los libros de los estantes y apilarlos en el suelo. Luego examinar cada uno y conservar sólo aquellos que nos produzcan felicidad. Y es mejor que no se nos ocurra empezar a leerlos. Si tenemos demasiados libros, conviene clasificarlos por categorías, como literatura en general (para leer), libros prácticos (libros de consulta, de cocina, etcétera), libros visuales (libros ilustrados) y revistas, para luego hacer la prueba de la felicidad en cada categoría.

Colecciones

Manga, cómics y otras colecciones se clasifican normalmente bajo la categoría de "literatura en general", pero si se tienen en gran cantidad, es necesario establecer una categoría separada. En el caso de las colecciones no es necesario examinar cada ejemplar. Se puede comprobar si nos alegra o no ver una colección apilándola toda y rodeándola con los brazos como si se abrazara, o examinando sólo el último ejemplar de la pila.

El riesgo de distracción con esta categoría es muy grande. Para evitar perder todo el día leyendo ejemplares, el truco es no abrir ninguno. Se puede hacer la prueba de la felicidad sólo tocándolos. Durante mis lecciones privadas, si cometo el error de mencionar el manga a mis clientes, es bastante probable que provoque una larga y apasionada explicación de los encantos de la colección.

Revistas y libros ilustrados

Entre los libros y revistas muy "vistosos" se cuentan también libros de fotos, catálogos, libros de arte y similares. Consérvense siempre los muy apreciados, es decir, aquellos que ni siquiera se contempla la posibilidad de desecharlos y de los que se sabe que siempre causarán felicidad. Las revistas tienen una vida corta, de sólo una "temporada". Si las revistas que se compran con regularidad, o a las que se esté suscrito, tienden a acumularse, sugiero poner un límite que marque la cantidad máxima de números conservados.

Si de un libro determinado sólo interesan unas fotos o algunos artículos, aconsejo recortarlos. No hace falta ponerlos inmediatamente en un álbum de recortes. Basta por el momento con almacenarlos temporalmente en una carpeta de plástico transparente. Es bastante común que la gente mire más tarde esos recortes y se pregunte por qué razón los ha guardado, por lo que conviene revisarlos cuando se llegue a la etapa de clasificación de papeles.

Cómo almacenar los libros de una forma que resulte atractiva

Mis clientes almacenan sus libros en una estantería o en una serie de anaqueles situados, fuera de la vista, en un armario, en un almacén o en una alacena. La regla básica es mantener juntos los libros de la misma categoría, pero los libros que se utilicen en un lugar específico es bueno mantenerlos allí donde se utilizan, como los libros de cocina en la cocina. No hay que apilarlos, sino colocarlos en fila vertical.

Siempre habrá quien, después ordenar sus libros, se pregunte si hizo bien en conservar tantos, pero esto no debe ser motivo de preocupación. Si continúa ordenando, su capacidad para experimentar felicidad irá en aumento. Si más tarde advierte que un libro tuvo su utilidad y ya no le sirve, puede desprenderse de él en ese momento.

Es un placer tener multitud de libros cuya presencia nos alegre. Si examinamos uno por uno los que antes teníamos para determinar cuáles nos gustan, conservemos los elegidos con toda tranquilidad y nunca dejemos de apreciarlos.

LA SINTONÍA PERSONAL CON LOS LIBROS CONSERVADOS

Cuando hayamos terminado de ordenar los libros, demos unos pasos atrás para contemplar las estanterías. ¿En qué palabras de los títulos exhibidos en sus lomos se fija nuestra vista? Si alguien ha estado diciendo a todo el mundo que le gustaría casarse un día del año en curso, pero tiene una gran cantidad de títulos con palabras como "XXX para solteros", o quiere vivir una vida feliz, pero posee una gran cantidad de novelas con títulos trágicos, sin duda nos alarmará.

La energía de los títulos de los libros y las palabras dentro de ellos son muy poderosas. En Japón se dice que "nuestras palabras crean nuestra realidad". Las palabras que vemos y con las que estamos en contacto tienden a producir acontecimientos de su misma naturaleza. En ese sentido acabamos en personal sintonía con los libros que hemos conservado. ¿Qué tipo de libros de nuestra estantería nos gustaría que reflejase el tipo de persona que aspiramos a ser? Si, sobre esta base, decidimos qué libros conservar, es posible que el curso de los acontecimientos de nuestra vida cambie radicalmente.

6

———

Ordenar los papeles

La regla básica para los papeles: deshacerse de todo

Al igual que con la ropa y los libros, el primer paso para ordenar los papeles es reunir todos los documentos y papeles de
los que uno es personalmente responsable. ¿Mi regla de oro?
Deshacerse de todo.

Esto no quiere decir que el objetivo sea deshacerse de todos y cada uno. Significa más bien que se debe elegir entre ellos
partiendo de la premisa de que serán desechados. Una sola hoja
de papel casi no ocupa espacio, por lo que es muy fácil que se
acumulen demasiados papeles antes de que uno se dé cuenta.
Si no se acomete la selección con el compromiso de deshacerse
de todos, apenas variará el volumen general. Consérvense sólo

aquellos que aún tengan una clara función: los que se utilicen actualmente, los que se necesiten durante un periodo limitado y los que haya que conservar de modo indefinido.

Es importante examinar cada uno de ellos. Si hay un montón de papeles dentro de un sobre, hay que sacarlos todos, porque puede haber papeles innecesarios, como folletos publicitarios, mezclados con los esenciales. Ordenar papeles en categorías puede ocasionar un dolor de cabeza, por lo que conviene estar hidratado para tan laboriosa e incesante tarea.

Un organizador o un revistero

Un elemento esencial para poner en orden los papeles es un organizador o un revistero. Colocaremos todos aquellos papeles que requieran una acción, como cartas que se vayan a enviar, facturas pendientes, etcétera, en esa caja y retomaremos la tarea de ordenar. Pero cualquier cosa que pueda hacerse de inmediato, como comprobar lo que hay dentro de un sobre o echar un vistazo a un folleto para decidir si enviarlo al reciclaje, debe hacerse en el acto. Si se acumulan demasiados papeles pendientes, será difícil examinarlos más tarde.

En general, un revistero en el que los papeles puedan colocarse en posición vertical suple muy bien al organizador, pero también se puede utilizar una caja vacía, si se dispone de una de tamaño adecuado, o una carpeta de plástico transparente, si el volumen de documentos y papeles es mínimo.

Si en la tarea de ordenar participa toda la familia, hay que asegurarse de que cada persona tenga su propio organizador.

Materiales de cursos

¿Se guardan materiales de cursos a los que se asistió para el perfeccionamiento profesional? ¿O tal vez materiales de un seminario para el desarrollo personal? La gente tiende a guardarlos con la esperanza de que algún día pueda volver a leerlos, pero ¿alguna vez lo hace? En la mayoría de los casos, ese "algún día" nunca llega.

Estos cursos son valiosos cuando se asiste a ellos, pero sólo tienen sentido cuando se pone en práctica lo en ellos aprendido. Creo que aferrarse a tales materiales en realidad nos impide aplicar lo que hemos aprendido. Cuando se asiste a este tipo de cursos, lo mejor es enviar al reciclaje estos materiales cuando el curso haya terminado. Quien se arrepienta de ello no tiene más que volver a asistir al curso y esta vez aplicar enseguida lo que en él haya aprendido.

Estados de cuenta de las tarjetas de crédito

Los estados de cuenta están a la cabeza de la lista de documentos que la gente tiende a conservar. Estos documentos, que se reciben mensualmente, se acumulan con rapidez si se tiene más de una tarjeta.

Sin embargo, en la mayoría de los casos no son sino informes sobre lo mucho que hemos gastado. Una vez que hayamos comprobado su contenido y anotado todo en nuestras cuentas domésticas, ya habrán cumplido su función. A menos que los necesitemos para hacer la declaración de impuestos, lo mejor es pasarlos por la trituradora de papel. Muchas compañías de tarjetas de crédito ofrecen oportunos servicios de información electrónica sobre el estado de nuestra cuenta, y valdría la pena utilizarlos.

Garantías

Cada aparato eléctrico que adquirimos viene con una garantía. Este es el documento más común en todos los hogares, y muchas personas tienden a guardarlos adecuadamente en una carpeta de compartimentos o en un archivador de tipo acordeón. Sin embargo, tener muchos compartimentos es el mayor inconveniente de este sistema de archivado. Una vez introducidas las garantías en su compartimento, es poco probable que necesitemos mirarlas de nuevo, y enseguida tendremos el archivador lleno de garantías caducadas.

La solución más sencilla para su almacenamiento consiste en guardarlas todas en una única carpeta de plástico transparente. Cada vez que se busque una garantía en esta carpeta se tendrá la oportunidad de ver todas las demás y deshacerse de las que ya han expirado. Si se necesita un comprobante de compra, aconsejo guardar el recibo junto con la garantía correspondiente.

Manuales de instrucciones

Además de aburridos y difíciles de leer, los manuales de instrucciones son gruesos y pesados, y ocupan mucho espacio.

Casi todo el mundo preferiría no guardarlos, pero se siente obligado a hacerlo. Es bastante común guardarlos cuidadosamente, incluso si los aparatos a que corresponden hace tiempo que se estropearon y han sido sustituidos. No dudemos en mandarlos al reciclaje.

Si un manual nos hace falta después de deshacernos de él, podemos encontrar la información que contenía bien *online*, o bien llamando al fabricante. Pero si somos unos devoradores de manuales y leemos frecuentemente las instrucciones de una cámara, seamos más cuidadosos con ellos y seleccionemos los que más nos interesen.

Tarjetas de felicitación

Las tarjetas de felicitación es una de las cosas más difíciles de desechar de esta categoría. Muestran mensajes especiales de amigos o familiares, y pueden incluir una foto en la parte delantera, lo que puede hacerlas parecer objetos de valor sentimental.

Pero la finalidad principal de una felicitación es transmitir un saludo. En el momento en que terminamos de leerla, ya ha cumplido su misión. Conservemos entonces sólo aquellas que realmente nos alegre volver a ver.

Recortes

Recortes de recetas que pegamos en la nevera pero que nunca aplicamos, mapas turísticos de lugares que nunca planeamos visitar, artículos de prensa que queríamos leer pero cuyo tiempo ya pasó... ¿Alguna de estas cosas nos interesa ya?

Una vez tuve la costumbre de recortar mapas de Kioto y Kamakura cada vez que me los encontraba en revistas, pero cuando visité estas ciudades siempre se me olvidaba coger los recortes. ¡Al final los tiré todos!

Para cualquier recorte que queramos guardar, una carpeta de folios con unidades transparentes de plástico es una solución simple y fácil de hojear. Si se desea reforzar el factor felicidad, una buena alternativa es hacer uno mismo su personal álbum de recortes. Pero los recortes que no necesiten archivarse, como por ejemplo una información sobre una tienda que pronto se vaya a visitar, deben conservarse en el organizador o en la agenda.

Asignar un día a la revisión de los papeles pendientes

Una vez se haya terminado de ordenar los papeles, es el momento de examinar el contenido del organizador. ¿Está lleno? Cuando se trata de papeles pendientes de revisión, lo mejor es reservarles un día concreto y examinarlos de un tirón. Los que vayan al reciclaje una vez examinado su contenido deben apartarse inmediatamente. Y aprovéchese este impulso para seguir adelante y enfrentarse a aquellos que demanden una respuesta o alguna otra acción.

Es posible revisar el contenido del organizador cuando se ha terminado de ordenar los papeles, pero las cosas pendientes pesan sobre la mente mucho más de lo que se esperaba. Estaremos mucho más tranquilos si nos ocupamos de ellas antes de empezar a ordenar nuestro *komono*.

CÓMO ORDENAR PAPELES EN LA OFICINA

Si vamos a poner orden en nuestra oficina, la regla básica es comenzar por nuestro propio escritorio y continuar con los espacios comunes. Debemos ordenarla de una sola vez, como lo haríamos en casa. El orden básico que hemos de seguir es: libros, documentos, objetos de escritorio y, finalmente, *komono*.

Si el escritorio es de tamaño medio, nos llevará un total de seis horas. Recomiendo llevar a cabo la tarea de ordenarlo por la mañana temprano, cuando no hay casi nadie, porque entonces la podríamos realizar en tres sesiones de dos horas, pero si disponemos de seis horas para llevarla a cabo de un tirón, una sesión bastará.

Sería una lástima abandonarla por estar demasiado ocupado para pasarse seis horas ordenando. Según ciertos datos estadísticos, una persona medianamente ordenada se pasa cerca de treinta minutos al día buscando cosas, mientras que las personas que colocan las cosas fuera de su lugar se pueden pasar hasta dos horas al día buscándolas. Si una persona trabaja veinte días al mes, esto significa que pierde hasta cuarenta horas al mes sólo buscando cosas. Si se puede solucionar este problema en sólo seis horas, los beneficios de estas horas invertidas serán patentes e inmediatos. Con un escritorio ordenado y agradable a la vista, la eficiencia en el trabajo necesariamente aumentará.

7

Ordenar *komono*

Cuando hay que decidir dónde almacenar cosas, la categoría de *komono* (objetos varios) es la más difícil, ya que tiene un número abrumador de subcategorías. Objetos de escritorio, cables eléctricos, cosméticos, utensilios de cocina, alimentos, artículos de limpieza, artículos de lavandería... todo esto es suficiente para que la cabeza nos dé vueltas sólo de pensarlo. Yo también tuve una vez que luchar para decidir dónde guardar todo mi *komono*. Sólo de pensarlo me ponía enferma, y la visión de todo el *komono* disperso ante mí me daba ganas de renunciar. Cuando me metí en la cama, deseé que entraran unos pequeños duendes y lo guardasen todo mientras yo dormía. Pero al despertar me encontré con la cruda realidad de que nada había cambiado. No sé cuántas veces perdí la esperanza mientras permanecía de pie delante de mis estanterías. Pero no hay que preocuparse.

La clave para ordenar *komono* de manera rápida y eficiente es conocer las categorías. Una vez identificadas las categorías de cosas presentes en la casa, se pueden seguir con cada una los tres pasos básicos:

1. Reunir todos los objetos de la categoría en un solo sitio.
2. Seleccionar sólo los que nos producen felicidad.
3. Almacenarlos por esa categoría.

Puede haber algunas categorías de *komono* que compartamos con otros miembros de la familia, pero es fundamental comenzar por las pertenecientes a uno mismo. Quien viva solo, puede comenzar con cualquiera de las categorías de *komono* que prefiera.

Si encontramos *komono* que no nos agrade especialmente, pero todavía sea necesario, intentemos elogiarlo todo lo que podamos. Pensemos en la manera en que nos facilita la vida, en su magnífica apariencia y en sus maravillosas funciones, y digámosle lo estupendo que es. Al hacer esto, empezaremos a sentirnos agradecidos por la manera en que esas cosas nos ayudan y por lo mucho que nos facilitan la vida. Entonces ya no serán simplemente algo que conviene tener, y poco a poco empezaremos a sentirnos contentos de verlas.

Si no encontramos nada que alabar, o si nos parece poco natural alabar un objeto, sigamos el impulso del corazón.

Ordenar *komono* es una excelente oportunidad para perfeccionar nuestra capacidad de sentir felicidad. Los objetos que poseemos aportan tantas cosas a nuestra vida diaria que nos convendría comunicarnos con ellos y manifestarles nuestra gratitud.

CD y DVD

Aunque el orden a seguir con las categorías de *komono* depende de cada uno, la mayoría de la gente empieza con los CD y DVD. Esto puede facilitarnos la elección de lo que nos gusta, porque, como fuentes de información, los CD y DVD son similares a los libros y los papeles. Empecemos, como de costumbre, reuniéndolos todos en un único lugar para luego examinarlos y conservar sólo aquellos que nos alegra ver. Si hay algunos que teníamos intención de desechar después de haberlos cargado o instalado en el ordenador, nos conviene depositarlos en la caja provisoria que habíamos habilitado al ordenar los papeles. Y si nos gustan las carátulas y su sola visión nos pone contentos, conservémoslos.

Podemos tener CDs de amigos o amores con un significado sentimental, pero si sólo nos recuerdan un momento en el que hayamos escuchado su música, disfrutemos de la nostalgia de ese recuerdo, despidámonos del CD dándole las gracias y pasemos al siguiente. Hagamos lo que hagamos, no dejemos de escuchar música o ver un DVD.

Objetos de escritorio

Los objetos de escritorio pueden subdividirse en: útiles, artículos de papelería y materiales para cartas.

Útiles

Empecemos por los útiles. Son cosas que normalmente no disminuyen en volumen, como bolígrafos, tijeras, engrapadoras, y reglas. Cualquier bolígrafo o pluma que no se haya utilizado durante un tiempo debe comprobarse si todavía escribe.

Éste es el momento para deshacerse de los que no nos gusten, incluidos los recibidos como obsequios promocionales.

Esta es una categoría amplia que abarca una gran variedad de objetos hechos de materiales muy diversos. Deben hallarse en compartimentos apropiados y bien definidos, y almacenarse en posición vertical. Los objetos pequeños, como cajas de grapas, gomas de borrar y minas de lápices mecánicos, se sentirán más seguros si se los mantiene en cajas más pequeñas, como las de anillos.

Artículos de papelería

Los artículos de papelería son los que están hechos de papel, como cuadernos, blocs de notas y post-its, así como los utilizados para guardar documentos, como carpetas de plástico transparente y archivadores.

¿Tenemos muchos cuadernos que aún están casi en blanco? Cuando tenemos un nuevo proyecto, es natural que deseemos utilizar un nuevo cuaderno. Desechemos todos aquellos que han cumplido su función a menos que nos alegre volver a verlos.

No olvidemos ordenar las carpetas de plástico transparente. Este es uno de los elementos que más fácilmente se acumula, y el poseedor del récord de acumulación entre mis clientes guardaba 420. Terminó donándolos a su compañía.

Es una práctica corriente almacenar artículos de papelería al lado de documentos y papeles, ya que, al fin y al cabo, son del mismo material. Los artículos pequeños, como blocs de notas y pósits, se pueden colocar en posición vertical dentro de una pequeña caja, que luego se podrá dejar en un estante para una mejor apariencia.

Materiales para cartas

Los artículos de papelería para escribir cartas son exactamente lo que su nombre indica: papeles para cartas, sobres, tarjetas postales y similares. Podemos ordenar al mismo tiempo otros elementos necesarios para las cartas, como sellos y etiquetas de direcciones.

Hubo un tiempo en el que aspiraba a ser una buena escritora de cartas, capaz de escribir con rapidez primorosas cartas de agradecimiento. Llegué a acumular muchas, pero casi siempre perdía la oportunidad de enviarlas, y terminé dando las gracias a la gente por correo electrónico. Si no nos gustan las cartas que escribimos, nos sentiremos poco motivados para escribirlas. La regla de hierro es aquí conservar sólo aquellos materiales para cartas que nos inviten a escribir. Cuando nos vemos obligados a utilizar cosas como tarjetas postales compradas por impulso durante un viaje, luego nos preguntamos por qué se nos ocurrió comprarlas. Si el atractivo que tenían se ha apagado, démosles las gracias por el recuerdo y enviémoslas al reciclaje, pero procuremos conservar alguna cuyo diseño nos guste especialmente aunque nunca vayamos a enviarlas.

Komono electrónico

En el *komono* electrónico entran objetos como cámaras digitales, consolas de videojuegos y computadoras. Pero si somos aficionados a las cámaras, por ejemplo, y tenemos numerosos accesorios de estos aparatos, podemos establecer una categoría aparte para atenderla más tarde.

Muchas personas tienden a acumular viejos teléfonos celulares. Uno de mis clientes tenía un total de diecisiete. Si se les tiene algún apego sentimental que impida desecharlos, conviene dejarlos para cuando se ordene la categoría de objetos de valor sentimental. Si se desea conservar las fotos, hay que colocar el teléfono en la caja provisoria y recuperar esas fotos más adelante. Al deshacerse de celulares y computadoras, conviene aprovechar los servicios de recolección que ofrecen los comercios de aparatos eléctricos y los sistemas de reciclaje de material electrónico.

Cables eléctricos

Los cables son el *komono* eléctrico más común, y a menudo los encontramos enredados. ¿Tenemos algún cargador de móvil sobrante? ¿O auriculares que venían con un aparato del que ya ni nos acordamos? ¿De verdad los necesitamos?

Lo más indicado es extraer estos cables de las bolsas de plástico donde los hayamos guardado, desenredar la maraña que forman y someter cada uno a la prueba de la felicidad. Al hacer esto, es posible que nos encontremos con cables que no podemos identificar. Estos cables misteriosos no se deben guardar para más adelante, sino resolver qué hacer con ellos en el acto. Si hemos terminado de ordenar los aparatos eléctricos, la tarea de distinguir cada cable por el aparato a que corresponde será mucho más sencilla. Todos los cables misteriosos que aún queden deben ir al reciclaje sin contemplaciones.

Tarjetas de memoria y pilas

Cuando utilizo la palabra "eléctrico", me refiero a cosas que parecen "oler" a electricidad. Las cosas eléctricas despiden una especie de olor metálico que cosquillea la nariz, por lo que podemos buscar el *komono* eléctrico restante usando esta sensación como su guía.

Además de las tarjetas de memoria, las memorias USB, los DVD vírgenes, los cartuchos de tinta de la impresora y las pilas, también se pueden ordenar todos los aparatos eléctricos de salud y belleza como parte de esta categoría. Cuando visito hogares con múltiples cables saliendo de los enchufes o una gran cantidad de aparatos eléctricos, el aire tiene ya en la puerta de entrada algo que se siente como una carga eléctrica. Tal vez esa sensación se instale en nuestro cuerpo porque, una vez que estas cosas están completamente ordenadas, se tiene —sorpresa, sorpresa— una sensación física de alivio.

Productos para el cuidado de la piel y cosméticos

Los productos para la piel contienen agua, y por lo tanto es esencial que se mantengan frescos. El secreto para aumentar el placer de cuidar la piel es usar esos productos antes de que caduquen. Si se conservan muestras de estos productos para usar en los viajes, hay que preguntarse si alguna vez se han llevado en un viaje. Si las muestras son lo mismo que los productos que ya se usan, una solución para ellas es abrirlas y añadirlas al frasco que se esté utilizando.

Quien tenga productos para la piel que no utiliza pero todavía le resulta difícil deshacerse de ellos es mejor que no los guarde, sino que los utilice profusamente.

El lugar de almacenamiento común de los productos para el cuidado de la piel se encuentra en el cuarto de baño, cerca del lavabo, para facilitar su uso. Si se tienen pocos, es más sencillo guardarlos todos juntos en un solo sitio.

Los productos que ocupan poco espacio, como muestras, tubos de crema para los ojos, etcétera, se pueden guardar de forma ordenada en una pequeña caja. Si no hay suficiente espacio, se les puede reservar un rincón especial en el armario o en un estante donde se almacene *komono*. Si son demasiados para almacenarlos en un solo sitio, pueden dividirse en productos de uso diario y productos utilizados con menos frecuencia.

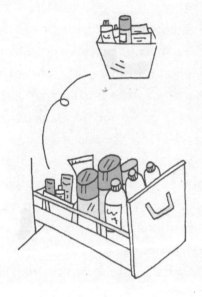

Maquillaje

Tendremos siempre presente que los productos para el cuidado de la piel y los de maquillaje deben mantenerse siempre separados. Contrariamente a lo que a menudo se piensa, los productos para la piel no son de maquillaje. Desde mi punto de vista, es la naturaleza de unos y de otros lo que los diferencia. Las lociones y las cremas para la piel son húmedas y acuosas, mientras que muchos productos de maquillaje, como polvos y pinceles, repelen el agua. La exposición a la humedad de los productos para la piel puede comprometer la calidad de un cosmético. Una sola gota de loción para la piel que caiga en el colorete, por ejemplo, podría arruinarlo. Por eso es mejor almacenar por separado los productos de maquillaje y los de cuidado de la piel. En muchos casos, es posible que necesiten ser almacenados en el mismo cajón, pero será más seguro separarlos claramente manteniendo los productos para la piel en una caja propia. Luego se podrán sacar, con caja y todo, y llevarlos a un lugar diferente para usarlos.

Los productos que parecen pertenecer a las dos categorías, como una capa de base líquida, que también sirve como loción para la piel, pueden almacenarse como productos de una u otra categoría, al igual que los productos para el cuidado del cabello. Los perfumes se conservan mejor como accesorios a la vista o cerca de los productos de maquillaje.

Al ordenar los productos de maquillaje, lo mejor es seleccionar de una manera estricta lo que se vaya a conservar. Es el momento de decir adiós a los cosméticos viejos o a los que ya no agraden.

Los cosméticos se sienten cómodos en un espacio amplio. El sistema que utilizo para el maquillaje es el mismo que para los accesorios: guardarlos en una caja dentro de un cajón o en una caja o bolsa de maquillaje. Si se tiene un tocador, es allí donde deben estar los cosméticos. Tener un tocador es un privilegio. Menos del 30 por ciento de mis clientas tiene uno, y sólo he conocido a una que sabía sacar el máximo partido a la belleza de este mueble. Lo más común es lo contrario.

Recordaré a la clienta M, por ejemplo. Cuando entré por primera vez en su habitación, su tocador de fina madera parecía tan caótico que necesité un momento para reconocer lo que era. Implementos de maquillaje dispersos sobre la superficie: un frasco de base líquida del que salía un líquido amarillento por un lado, polvos compactos con una tapa agrietada, rubores y sombras de ojos compactos con sus tapas completamente abiertas. Varios pinceles esparcidos al azar. Limas de uñas y labiales sobresalían como banderas del pequeño cajón superior, impidiendo cerrarlo. Y, sobre todo, una película de polvo fino, como si mi clienta hubiese esparcido encima azúcar glass. Parecía el mueble de una casa embrujada más que un tocador.

Uno pensaría que las mujeres que tienen un tocador desean que se vea hermoso, pero en muchos casos mis clientas los convierten en un aparcamiento de sus cosméticos. No poseo una gran cantidad de cosméticos, y no soy más que una aficionada en cuestiones de maquillaje. La curiosidad por saber si existían algunos sitios de almacenamiento específicos para el maquillaje me hizo considerar la idea de ir a la sección de cosméticos de unos grandes almacenes para entrevistar al personal o de preguntar a una amiga, que era buena en maquillaje, cuando S vino a buscar mi consejo. Fue el momento perfecto. S es una artista del maquillaje profesional. Además de impartir cursos sobre la materia había trabajado en *Paris Collection* como especialista en maquillaje de celebridades. Ahora tiene su propio salón de belleza, donde ofrece instrucción personalizada.

La forma que ella tiene de almacenar sus cosméticos y su instrumental es exactamente lo que se puede esperar de una profesional. Cuando la visité en su casa, acababa de regalar su tocador a una amiga, pues había decidido almacenar sus productos de maquillaje, junto con un espejo plegable, en una simple caja cuadrada. Dentro de ella, los cosméticos se dividían, conforme a su experto criterio, en compartimentos para bases, pestañas, sombras y lápices de ojos, barras de labios, esmaltes y coloretes. Todas las partes y todo el instrumental también estaban divididos en categorías. Cuando era posible, estos elementos se hallaban en posición vertical, y el contenido estaba ordenado de manera que cada uno estuviera siempre a la vista.

"Lo he dividido todo en grupos. El Grupo 1 lo componen las cosas que uso todos los días, y el Grupo 2, las cosas que utilizo para añadir variaciones. En el Grupo 1 están todas las cosas que necesito para mi aspecto básico, y lo guardo en una bolsa que llevo conmigo para los retoques cada vez que los necesito", me dijo. "Si maquillarse da demasiado trabajo, mejor dejarlo. La regla básica para almacenar productos de maquillaje es eliminar todos los pasos innecesarios".

También guardaba cotonetes en una caja de tarjetas de presentación, y suprimía de sus cajas las sombras de ojos para hacer su propia paleta original. "Los envases de cosméticos sucios son bastante asquerosos. Hay que limpiar con frecuencia todas las cajas que contienen polvos para mantenerlas limpias. Si no, la belleza se alejará más y más".

"En cuanto al plazo de caducidad, los polvos se conservarán durante dos o tres años una vez se hayan abierto. Hay que deshacerse de barras de labios pasado un año, cuando empiezan a despedir un olor aceitoso. Cosas como la base de maquillaje líquida, que son productos para la piel, también duran sólo alrededor de un año". Desde la perspectiva de una profesional, la vida de los cosméticos resulta mucho más corta de lo que yo esperaba. En mi trabajo, muchos de los que me encuentro pueden muy bien tener cinco o más años.

"No hay una norma que diga que hay que maquillarse, ¿verdad? Esto significa que quien quiera usar maquillaje, necesita conservar su motivación. Así que vale la pena tener presentes algunos factores que aumentan su motivación. El factor felicidad es especialmente importante para todo lo relacionado con la cosmética. Después de todo, el maquillaje es en quien lo usa parte del ritual con el que empieza el día. Quien no sienta felicidad con esta rutina mañanera, no la sentirá durante el resto del día".

S había convertido rápidamente mi lección sobre el almacenamiento en una clase suya sobre el maquillaje, la cual me aportó dos valiosas ideas. La primera era la de que el almacenamiento del maquillaje es muy fácil de entender. Precisamente porque hay tantos elementos en esta categoría, es fundamental saber en todo momento dónde están. La mejor manera de saberlo es almacenar los componentes concretos por separado, como hacía S. Para ello, son esenciales los compartimentos, y, por lo tanto, lo mejor es utilizar una caja de maquillaje con muchos compartimentos pequeños, como hacen los maquilladores profesionales, o encontrar el tipo adecuado de cajas vacías o unidades de almacenamiento.

Quien, como yo, no tenga tantos cosméticos como para que merezca la pena usar multitud de compartimentos, lo más sencillo que puede hacer es dividir sus productos y útiles de maquillaje en los que pueden y los que no pueden almacenarse en posición vertical. Debe encontrar un recipiente que pueda contener todos los útiles en esta posición. Podría ser una lata de forma tubular, un vaso de cristal o cualquier otro objeto que le sirva. Este recipiente se puede utilizar para objetos alargados, como el rímel, el lápiz de ojos y los pinceles. Los demás elementos los puede almacenar juntos en algo parecido a un estuche o una caja. Ahí puede guardar incluso polveras y sombras de ojos en posición vertical para ahorrar espacio. Pero si tiene hueco suficiente, es más fácil ver los colores y mejorar el factor felicidad si los almacena en posición horizontal. En cualquier caso, disponga el almacenamiento a su gusto.

Productos de relajación

En los últimos años he notado un aumento constante en la cantidad de personas poseedoras de artículos relacionados con la aromaterapia, como velas y aceites, lo que tal vez indique que cada vez más personas buscan formas de relajación y alivio. Es necesario examinar todos los artículos pertenecientes a esta categoría para comprobar si nos causan felicidad, incluidos los de masaje y digitopuntura. Y también desechar aceites aromáticos viejos o fragancias que ya no nos atraen. Asegurémonos, al almacenarlos, de que estos productos puedan relajarnos. Es posible aumentar el efecto de relajación de manera significativa eligiendo un recipiente hecho de materiales naturales, como el mimbre, y usando separadores.

Medicamentos

Parece que las medicinas pueden durar indefinidamente, pero no es cierto. Podemos tener en el botiquín algunas que dejaron atrás su fecha de caducidad. Una vez encontré un frasco de Seirogan (la versión japonesa de Pepto-Bismol) que tenía más de veinte años, y el olor era espantoso. Desechemos los medicamentos caducados, así como cualquier medicamento sin fecha de caducidad de cuya prescripción ya no nos acordemos.

El método más común para almacenar medicinas es colocarlas en posición vertical dentro del botiquín, pero si sólo tenemos una pequeña cantidad, podemos guardarlas de manera muy sencilla dentro de un estuche.

Dinero, talonarios y tarjetas

Con las manos en las caderas, mi clienta mira todo el *komono* que inunda la habitación y suspira. "KonMari, sé que me dijo que debería guardar las cosas según el material, y que puedo distinguir más o menos la tela, el papel y las cosas eléctricas, pero ¿cómo puedo identificar los demás materiales?"

"Oliéndolos", le respondo.

Se hace un incómodo silencio mientras ella me mira fijamente.

"Cierre los ojos", le digo. Y le acerco a la nariz tres objetos, uno tras otro, durante unos diez segundos. Entonces le pregunto: "¿A qué huelen?"

"A ver... mmm... No sé por qué, pero de alguna manera huelen como el dinero". Por increíble que parezca, acertaba plenamente. Los tres artículos eran un talonario de cheques, un billete de 10.000 yenes y un vale de regalo. Las cosas que entran en la categoría de "efectos monetarios", como los billetes, las tarjetas de crédito y los vales, son esencialmente "dinero". Hay algo en ellos que emite el mismo denso olor metálico. Sería más fácil hacerse una idea si se piensa en el olor de las monedas recién acuñadas.

Curiosamente, aunque hay objetos que nos transmiten información como libros y documentos que también están hechos de papel, igual que los talonarios y los billetes de banco, tienen un olor ligeramente diferente a estos últimos que tienen un olor un poco parecido al del hierro. Como me preguntaba si esta diferencia tenía relación con los conceptos del yin y el yang y de los cinco elementos, consulté un libro de *feng shui* y descubrí que el elemento de los libros es la madera, mientras que el del dinero es el metal. En otra obra de consulta encontré que, en relación con el sentido del gusto, la madera se clasifica como ácida, mientras que el dinero se clasifica como amargo. Estas cualidades pueden simplemente estar relacionadas con diferentes características físicas, como el tipo de tinta utilizada o el olor a moho que se acumula cuando los libros se apilan uno encima de otro, pero aún así me hizo feliz comprobar que mi intuición concordaba con esta antigua sabiduría.

Algunas personas no perciben las diferencias entre olores a que aquí me refiero, pero cuanto más ha trabajado un cliente en la reducción de la cantidad de objetos de su casa, tanto más probable es que esté de acuerdo conmigo. El aura que envuelve a las cosas cambiará dependiendo de su función en la vida, de la forma en que sean tratadas y de las características de los materiales de que estén hechas. Puede que no tengan realmente un olor, pero parece que mi sentido del olfato percibe diferencias. Los sentidos humanos tienen poderes que la lógica no siempre puede explicar.

Los efectos monetarios son la única categoría en la que prácticamente no es el factor felicidad el que tiene prioridad a la hora de seleccionar lo que queremos conservar. Desechemos todos los elementos que han expirado y guardemos, o depositemos en un organizador (apuntando la fecha en que lo hacemos), los que queramos utilizar.

Como son valiosos, tienen cierto orgullo, y deben guardarse con respeto en algo así como un cajón de la cómoda o una caja de madera. Para guardar las tarjetas, recomiendo el uso de cajas del tamaño de las que contienen las tarjetas de visita. Cualquier tarjeta que normalmente no llevemos con nosotros, como las de crédito, las de identificación, las de tu institución médica, etcétera, pueden guardarse en los compartimentos de plástico de una caja de tarjetas, pero es más fácil extraerlas si las colocamos en posición vertical en una caja, que hace más eficiente este método de almacenamiento. Cosas como la cartera, que generalmente llevamos con nosotros cuando viajamos, los billetes de moneda extranjera y el pasaporte también entran en esta subcategoría.

Entre todas las cosas que entran en la subcategoría de los efectos monetarios, la cartera o billetera es como una reina a quien nunca se podrá demostrar demasiado respeto. En sentido estricto, es realmente el dinero lo que debe tratarse con respeto, pero el dinero expuesto, desnudo, es vulnerable. Si sacamos un billete de cien dólares y lo colocamos sobre una mesa, pierde toda su majestad y se lo ve triste y avergonzado por haber sido sorprendido con la guardia baja. Pero tan pronto como lo devolvemos a la cartera, recupera su orgullo y emana autoridad.

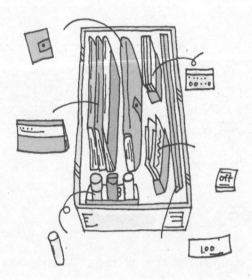

Pero las carteras o billeteras se cansan fácilmente. El dinero se maneja con brusquedad y la cartera acoge ansiosa el dinero con toda su carga emocional. En reconocimiento al servicio que la billetera nos presta como receptáculo, debemos reservarle un lugar donde pueda descansar. Esto no es nada complicado. Al igual que todas las demás pertenencias, sólo tiene que encontrar el hogar adecuado. **Si cuidamos bien de nuestra cartera, sentiremos gratitud cada vez que saquemos algún dinero de ella, y esto cambiará nuestra manera de usar el dinero.** A menudo oigo a un cliente decir: "Ahora me siento agradecido cuando saco dinero de mi cartera. Este gesto me permite pagar mis tres comidas diarias y comprar las cosas que me gustan. Este hábito ha cambiado realmente mi forma de gastar".

Costureros

Para empezar, una pregunta: ¿con qué frecuencia se utiliza el costurero? Mucha gente responde que apenas lo ha tocado durante un año, y hay quien todavía usa el mismo que vio por primera vez en su hogar. ¿Hay algo en el costurero que nunca se utilizará pero ha acabado en él? Es posible, por ejemplo, haber acumulado múltiples dedales o greda de sastre, o también restos de tela de algo que se cosió hace mucho tiempo. Éste es también el momento de hacer algo con esos botones que se tenía intención de coser, pero nunca se hizo.

Herramientas

Además de destornilladores, martillos y sierras, esta categoría también incluye clavos y tornillos, así como la llave inglesa, las ruedecillas que venían con un mueble que compramos y unos pernos que no sabemos para qué sirven. Es preciso determinar qué cosas necesitamos y conservar las esenciales.

Las herramientas son por naturaleza muy resistentes y por lo tanto no necesitan ajustarse a normas detalladas de almacenamiento. Una vez reunidas, basta con almacenarlas en un espacio vacío. Yo reduje las mías a la mínima expresión, y las guardo en una caja sobrante colocada sobre un estante.

Komono de *hobbies*

Para aficiones como los arreglos florales, la caligrafía o bailar con aros hula hula es frecuente recibir clases, y muchos de estos pasatiempos requieren un equipamiento especial. Si se tiene un solo *hobby*, como la caligrafía, debe haber un lugar para el almacenamiento de todo lo relacionado con ella. Incluso si son varias las aficiones, se puede asignar un único espacio de almacenamiento para *komono* relacionado con ellas. Si aún se poseen equipamientos de aficiones que ya no se cultivan ni causan ninguna felicidad, es el momento de desprenderse de ellos. Es sorprendente lo ligero que uno se sentirá.

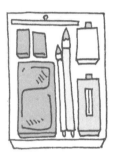

Coleccionables

Los coleccionables pueden ser figuras, *merchandising* del club de fans, publicaciones sobre un tema específico o cualquier otra cosa que coleccionamos sin más razón que la de no poder resistirnos a hacerlo. ¿Quién no ha dejado cualquiera de estas cosas, aún empaquetadas, en una caja de cartón como si no le interesaran?

Ordenar estos elementos coleccionados consume mucho tiempo, por lo que la regla más importante es asegurarse de que se dispone de tiempo suficiente. Hay que estar bien preparado para dedicar un día entero a esta tarea. Aquí rige el mismo sistema básico. Reunirlo todo en un solo lugar, y luego examinar cada elemento para ver si su presencia nos produce alguna felicidad. Al principio, uno puede pensar: "No creo que deba desprenderme de esto", pero si se mira de nuevo, estarás obligado a encontrar más de una cosa que puedas hacer con eso. Una vez que se haya decidido qué conservar, la tarea es dividir los elementos en categorías personalmente establecidas y exhibirlos en algún lugar de forma que agrade verlos.

Cosas que conservamos "porque sí"

Esta categoría de *komono* incluye las cosas que conservamos sin saber muy bien por qué. Por ejemplo, piezas de metal que nunca se han utilizado y que vienen con un reloj de pulsera, prendedores para el pelo abandonados que acaban en cualquier parte, botones de repuesto, viejas fundas de teléfonos móviles y llaveros varios. Es probable que deseemos desprendernos de casi todo. Las cosas que deseemos conservar deben almacenarse cerca de otras que parezcan de similar naturaleza. Por ejemplo, los prendedores para el pelo se quedarán con los accesorios para el pello y los botones en los costureros. Una vez que tengan un hogar y compañía, cosas que antes parecían perdidas y sin destino recuperarán su lustre.

Ropa de cama

Quien viva con familia, o simplemente tenga gran cantidad de ropa de cama, debe considerarla una categoría de *komono*. Para comprobar si le alegra tenerla, no basta con tocarla. ¡Debe olerla! La ropa que no se utiliza muy a menudo tiende a absorber los olores en un grado sorprendente. Y nunca se le ocurra dejar sábanas o fundas de almohada encerradas en sus envoltorios de plástico, ya que el plástico atrapa la humedad. No puedo decirle cuántas sábanas he encontrado en mi carrera que han criado moho porque no fueron retiradas de su bolsa. Quien así las tenga debe sacarlas cuanto antes y empezar a usarlas para evitar ese drama.

Poner orden en la ropa de cama no se limita a mantas, sábanas y almohadas. Deséchese lo que ya no alegra la vista porque se haya desgastado y esté andrajoso, o que no se ha utilizado durante un año. Una vez se haya examinado la ropa de cama propia, compruébese el estado de la reservada a invitados. En las casas japonesas tradicionales, la ropa de cama se compone de colchones de futón, sábanas, mantas y edredones, y se guarda en el armario. La de la cama de los invitados no suele sacarse del armario, y como Japón es un país húmedo, mis clientas a menudo encuentran que la ropa para la cama de invitados está enmohecida.

Toallas

Un armario o una alacena en el cuarto de baño o cerca de él es el lugar de almacenamiento más común de la mayoría de las toallas, pero si no hay espacio, pueden guardarse en un cajón de otro armario. Incluso aquellas toallas que se piensa utilizar como trapos y luego tirarlas deben doblarse y guardarse en posición vertical y no comprimidas dentro de una bolsa. Esto permite ver la cantidad de ellas que se tiene y evitar su exceso.

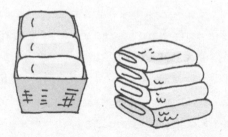

Peluches

Uno de los objetos de valor sentimental más comunes es el peluche, y se lleva la palma entre los más difíciles de desechar. En mi adolescencia, durante el periodo en que estaba obsesionada con poner orden hasta el punto de que era prácticamente una máquina de desechar cosas, no me sentía capaz de tirar un perrito de peluche, Koro-chan, un chow chow que me regalaron cuando era pequeña, y que entonces era tan grande como yo. Siempre había querido un perro y lo trataba como un animal doméstico. Le daba de comer en un recipiente lleno de canicas que decía que eran comida para perros. Cuando asistía a la escuela primaria, me gustaba sentarme encima de él y contarle las incidencias del día. Pero, conforme pasaba el tiempo, cada vez jugaba menos con él, hasta que finalmente quedó relegado a un sitio al lado del televisor, donde casi nunca lo tocaba.

Pasado un año, me ponía a estornudar siempre que estaba en casa. En mi trabajo, el polvo volaba constantemente y no me molesta. Pero entonces tenía una alergia al pelo de los animales. Cada vez que estaba expuesta, inmediatamente me picaba la nariz. Pero los únicos animales que había en casa eran mis peces. ¿Cuál podría ser, me preguntaba, la causa de que mi nariz se irritara?

"Tal vez sea Koro-chan", dijo mi madre.

Miré a mi perro de peluche y, de repente, me di cuenta de que tenía bastante polvo. El peso de su cuerpo había hecho que sus patas delanteras se separaran, y su cabeza se encontraba sobre el suelo, y por eso había acumulado tanto polvo. "Creo que tendremos que deshacernos de él. Tienes un montón de juguetes de peluche", dijeron mis padres.Pero me negué a que lo tiraran. Lo limpié con la aspiradora y lo puse al sol, pero todo parecía inútil: mi nariz seguía irritada, y al final no tuve más remedio que deshacerme de él. Mi padre y yo lo introdujimos en una bolsa de plástico. De pie y delante de él, juntamos nuestras manos y nos inclinamos frente a él. "Gracias por todo", le dijimos, y lo llevamos al contenedor. En unos momentos, todo había terminado, pero fue la primera vez en mi vida que me sentí indecisa cuando debía despedirme de algo.

Siempre doy las gracias a mis cosas antes de deshacerme de ellas, pero a los animales de peluche, que parecen tener alma, los trato con un respeto adicional y celebro algo parecido a un funeral. La razón de que sea tan difícil tirar los peluches y los muñecos es que parecen estar vivos. Creo que dan esa apariencia porque sus ojos parecen mirarnos. No puedo contar las veces que he oído a mis clientes decir: "Yo meto todos mis animales de peluche en una bolsa de plástico, pero sus ojos parecen suplicarme que no lo haga, y al final tengo que sacarlos de nuevo". Y no es de extrañar. Todavía recuerdo los ojos de Koro-chan mirándome implorantes a través de la bolsa de plástico.

La energía reside en los ojos, y por eso es mejor taparse-los cuando vayamos a deshacernos de ellos. Una vez ocultados sus ojos, peluches y muñecos se ven mucho más como objetos, y es más fácil desprenderse de ellos. La solución más sencilla es colocar un paño o un papel sobre sus caras. Una de mis clientas tenía un gato de peluche con una camiseta, y le quitamos la camiseta para cubrir su rostro. El resultado fue bastante cómico: ello permitió a mi clienta desprenderse de él alegremente.

Si esto todavía nos sienta mal, pongamos en práctica el rito de purificación japonés, consistente en arrojar un poco de sal gruesa para que los espíritus tomen su camino. Cuando nos resulte difícil despedirnos de algo, si hacemos de la despedida una especie de funeral nos sentiremos menos indecisos. Por cierto, en Japón hay un templo en el que se ofician funerales por muñecas. Les cubren la cara con un paño para mantenerlas limpias y hasta les recogen el pelo, así que mis sugerencias guardan el ceremonial debido.

Objetos recreativos

Los objetos recreativos son de todos los tamaños, desde cestas de pícnic, juegos de bádminton y balones hasta esquíes, tablas de snowboard y artículos de pescar. Todos los que nos gusten debemos conservarlos, aunque no los utilicemos con frecuencia o si al verlos en casa nos agradan. Si guardamos objetos recreativos en bolsas de plástico, estas parecerán bolsas de desperdicios, y los usaremos con mucha menos frecuencia de la que, de otro modo, lo haríamos. Si es necesario guardarlos en una bolsa, que sea al menos una que nos guste.

Objetos de temporada

Pueden ser cosas grandes, como los árboles de Navidad artificiales, u objetos pequeños, como adornos de fiesta y decorados. Conservemos sólo aquellos que realmente deseemos mostrar la siguiente temporada. Estos objetos deben almacenarse por temas. Para evitar su olvido cuando llegue su temporada, podemos pegar una etiqueta en la caja o cajón donde se encuentren. Empecemos mostrando aquellos que se usan al principio mismo de la temporada.

Artículos de emergencia

La campaña ordenadora es el momento perfecto para realizar una comprobación general del estado de artículos que hay que tener a mano para hacer frente a emergencias o desastres, como cascos, equipos de supervivencia cuando se declara un terremoto, linternas, radio, baño portátil, etcétera.

¿Tendremos raciones de alimentos o artículos sanitarios que han caducado, o una radio que ya no funciona? Al ordenar esta categoría, muchas personas descubren artículos de protección contra desastres que no han llegado a utilizarse, como los anclajes que impiden que los muebles se caigan durante un terremoto. Si encontramos cualquiera de estos, instalémoslos enseguida. Los equipos de supervivencia suelen encontrarse cerca de la entrada, como el armario del recibidor. Y asegurémonos de que todos los miembros de la familia sepan dónde se hallan.

Objetos para protegerse de la lluvia

Si cada miembro de la familia tiene su propio paraguas, puede que haya muchos. Cuidado con los paraguas de plástico, que tienden a acumularse. Con el paso del tiempo, partes del plástico se pegan y amarillean, por lo que conviene abrirlos para asegurarse de que pueden usarse. Una de mis clientas, que vivía sola, tenía veintidós paraguas. Por desgracia, tuvo que tirar casi todos. Después de ordenar los paraguas, se puede pasar a hacer lo mismo con otros objetos para protegerse de la lluvia.

Komono de cocina

H vivía en un apartamento de tres habitaciones con su marido y dos hijas. "Mi cocina es un desastre. Es difícil usarla", me dijo. Me condujo a una cocina de unos seis y medio pies cuadrados. Si tuviera que describirla con una sola palabra, esta sería "gris".

Los platos y las tazas del desayuno todavía estaban apilados en el fregadero. Un recipiente de detergente y una esponja empapada reposaban sobre una rejilla metálica sujeta con una ventosa junto al grifo. A la derecha, un gran escurridor ocupaba más de la mitad del espacio existente sobre la encimera. Estaba tan lleno de platos y vasos que habría pensado que H acababa de celebrar una fiesta. "Mi escurridor es ahora el armario de los platos", dijo riéndose. Capas sucesivas de marcas de agua cubrían el fregadero, haciéndolo parecer casi blanco.

Puse mis ojos en la cocina. Una sartén permanecía sobre una de las hornillas por falta de cualquier otro lugar donde guardarla, y un estante metálico junto a las placas se hallaba atestado de frasquitos de especias. Delante se alineaban botellas de salsa de soya, vino para cocinar y otros ingredientes. Un protector de aluminio, cuya función consistía en recoger las salpicaduras de aceite detrás de la cocina, estaba tan pegajoso que parecía gritar "¡basta!"

"Es inhabitable", dijo H. "Quiero que esté más despejada". Me dijo que todas aquellas cosas las necesitaba para hacer las comidas. Ordenarlas era para ella una verdadera lata, cuando sólo estar en aquella cocina la desesperaba.

No creo que las cocinas tengan que estar perfectamente ordenadas todo el tiempo, ni tengo nada en contra de las cocinas muy revueltas. **Todo lo que se necesita es una cocina en la que se pueda disfrutar cocinando.** En buenos locales de *ramen*, por ejemplo, la cocina puede parecer un desastre, pero la comida sabe muy bien, siempre y cuando el chef se sienta orgulloso de sus fideos.

¿En qué tipo de cocina es una felicidad cocinar? Las respuestas de mis clientes suelen ser estas: "Una cocina que esté siempre limpia", "Una cocina en la que todo lo que necesite esté a la mano" o "Un lugar donde pueda ponerme mi delantal favorito y usar mis cacerolas y sartenes favoritas". Esto último se puede conseguir saliendo a comprar las cosas que a uno le gusten, así que vamos a ignorar por el momento la última respuesta. En cuanto a la primera respuesta, es obvio que se refiere a la limpieza, no al orden. La única en la que el orden podría proporcionar una solución es la segunda —que todas las cosas estén a la mano—. Pero aquí hay un gran malentendido.

Yo solía estar obsesionada con encontrar la mejor manera de almacenar cosas en la cocina para un cómodo acceso a los utensilios. Leía en revistas todas las páginas de diseño de cocinas que podía encontrar. Colocaba ganchos en la pared para colgar sartenes y otros utensilios. Simulaba cocinar, midiendo la distancia de mi brazo a cada sitio para determinar el mejor lugar para los condimentos. Al final, todo se me quedaba sobre la cubierta y nada guardado en los armarios. Aunque resultaba más fácil alcanzar las cosas, el aceite y el agua salpicaban por todas partes, dejando una película de grasa sobre toda la cocina y eliminando por completo la felicidad que podría haber sentido si estuviera cocinando.

La facilidad de limpieza: el criterio para almacenar cosas en la cocina

Como me preguntaba de dónde venía esa idea de que la cocina ideal es aquella en la que todo está al alcance de la mano, interrogué a la gente. Casi todas las personas imaginaban la cocina de un restaurante o una cafetería. Quise investigar los secretos de estas cocinas, y me dieron permiso para observar una cocina de restaurante en las horas entre el almuerzo y la cena. Me puse un delantal y una gorra y, armada de mi cámara y mi cuaderno de notas personal, entré anticipadamente esperando descubrir los trucos del oficio. Pero quedé decepcionada. Fuera del método corriente de almacenamiento por categorías —platos, cacerolas, sartenes y demás utensilios—, en aquella cocina de acero inoxidable no había truco alguno.

Pensando en ello, me di cuenta de que en los restaurantes el tipo de cocina que se ofrece, sea japonesa o italiana, determina más o menos los condimentos y utensilios necesarios, y por lo tanto la cantidad de cosas almacenadas en la cocina nunca aumentará. Además, las cocinas de los restaurantes están diseñadas para un propósito completamente diferente que el de las de las casas, y tienen muchos estantes abiertos cerca del techo y en las paredes.

Estaba pensando que mi visita al restaurante había sido una pérdida de tiempo cuando los cocineros volvieron a prepararse para el turno de la cena. Me aparté de su camino, y mientras miraba distraídamente cómo hacían su trabajo, de pronto reparé en un punto crucial. Los cocineros se movían todo el tiempo con rapidez y eficacia, pero su presteza y eficiencia era más notoria no cuando estaban cocinando, sino cada vez que se ponían a limpiar el fregadero o la encimera. Pasaban un trapo grueso por todos los sitios que manchaban, y cuando terminaban de utilizar una sartén, le quitaban el aceite con un cepillo de mango largo. Al final de la jornada, pasaban un trapo por todas las superficies, no sólo la de la cocina y la de las cubiertas, sino también la de las paredes. Cuando le pregunté al jefe de cocina cuál era el secreto para ordenar una cocina, respondió: "Ordenar la cocina significa limpiarla de todo rastro de agua y aceite".

Después observé las cocinas de varios otros restaurantes, pero en todas veía lo mismo. **Lo principal no era facilitar el uso, sino facilitar la limpieza.** Una vez que me percaté de esto, dejé de intentar almacenar las cosas de modo que tuvieran fácil acceso y me centré en el almacenamiento de todas las cosas, incluidos el detergente y los condimentos, en los armarios. Alguien podría pensar que esto es llenar tanto los armarios que sería difícil sacar las cosas que se necesitan, pero no hay que temer esto. Es cierto que, cuando las cocinas de mis clientes han sido ordenadas, los armarios están llenos a rebosar, mientras que las encimeras están libres de cacharros. Para sacar una sartén, no hay más que deslizarla hacia fuera de debajo de una pila de otras sartenes y cazos, pero cuando pregunto a mis clientes si esto les molesta, casi siempre responden: "La verdad es que no. Hacer esto nunca ha sido para mí una molestia". A menudo sonríen y añaden: "Incluso no puedo creer que sea tan meticuloso limpiando la cocina cada vez que la uso. No es sólo que mi cocina sea ahora *fácil* de limpiar; es que *quiero* limpiarla".

Por extraño que parezca, cuando se está en una cocina que es fácil de limpiar y que siempre queda impecable, el trabajo de sacar las cosas del armario no resulta en absoluto estresante. Quien desee tener una cocina en la que pueda disfrutar cocinando, ha de saber que lo principal es que sea una cocina fácil de limpiar. La mejor manera de hacerlo es procurar no poner nada en la cubierta o alrededor del fregadero y de la estufa. Se sorprenderá de lo fácil de usar que es su cocina si concibe de esta manera el almacenamiento de los utensilios. Por supuesto, si tiene una cubierta amplia, podrá dejar algunas cosas en un sitio al que no lleguen las salpicaduras de aceite o de agua.

Tal vez alguien piense que sólo una persona que vive sola conseguirá tener las cosas lejos de la cubierta, pero la mitad de mis clientes tiene hijos. Antes de empezar, todos ellos estaban seguros de que nunca podrían mantenerla despejada, pero al final todos lo consiguieron. Así que puedo asegurar que, si se quiere, se puede.

Mi marido cocina mucho, y cada vez que lo hace, la cocina queda luego tan limpia que yo me pregunto cuándo la ha usado. Y no es porque cocine cosas sencillas. Comparados con mis guisos de cacerola única y fácil de limpiar, los suyos son bastante complejos. Él es capaz de preparar un elaborado plato de tofú frito marinado en malta de arroz, sake y plátano frito en aceite de coco con salsa balsámica. Cuando una vez le pregunté cómo lo hacía, me contó que hay tres secretos. Antes de empezar a cocinar, reúne todos los utensilios e ingredientes con el fin de reducir cualquier movimiento innecesario mientras cocina. Guarda cualquier utensilio o ingrediente tan pronto como ha terminado de usarlo. (Esto resulta muy eficaz si las cosas de la misma categoría se guardan todas a la vez, igual que cuando ordenamos). Y, por último, después de cocinar con aceite limpia inmediatamente todo con agua caliente. Quien quiera probar este método, que lo aplique y verá cómo funciona.

Lo siguiente parecerá contradictorio, pero yo enseño a mis clientes a mantener detergente y esponjas alejados del fregadero. Para ello les hacemos un sitio en la parte baja del armario que soporta el fregadero o en la cara interior de su puerta. Esto puede parecer un trabajo extra, pero quien lo pruebe, estoy segura de que nunca más volverá a dejar tales cosas en la encimera.

Pocas veces me encuentro con un cubo de basura que alegre la vista, así que guardémoslo también debajo del fregadero. Lo último que nos queda por almacenar son los restos orgánicos. Desde el día que abandoné la casa de mis padres, nunca he introducido estos desechos en un recipiente. Por eso, mi cocina nunca huele a restos de alimentos crudos. ¿Qué hago entonces con ellos? Los guardo en el congelador. Les reservo un rincón del congelador, y después de retirar esos restos de frutas y verduras, huesos de pollo, etcétera, los introduzco en una bolsa mientras cocino. Dos veces por semana, en los días regulares de recogida, saco esa bolsa de desechos.

Empecé a hacer esto cuando recordé que mi madre congelaba las vísceras de pescado para que la cocina no oliera. Aunque algunas personas pueden llevarse las manos a la cabeza ante la idea de introducir estos restos en el congelador junto a los alimentos congelados, como se congelan antes de que puedan empezar a pudrirse, de hecho son alimentos como los que comemos, no basura. Quien encuentre poco agradable introducirlos en una bolsa de plástico, puede usar una bolsa de papel o un contenedor de plástico para que su rincón de los desechos quede más aislado.

Ordenar primero la cocina es la forma más segura de fracasar

"¡Olvídate de lo demás! Sólo dime cómo almacenar las cosas en mi cocina".

¿Alguno de ustedes podría decirme esto? Estoy segura de que algunos lo dirían si los visitara. "Sí, yo mismo lo diría". Pero las personas que desean que primero les arreglen su cocina son casi siempre las que aún no han tratado de ordenar ni siquiera su ropa.

Esto no es un problema si, mientras estamos en el proceso de ordenar la ropa, nos ponemos a reducir cosas de la cocina o a reorganizar sus cajones cada vez que los usamos. Pero en un maratón del orden, quien no culmina el proceso de selección de las cosas que le gustan antes de ponerse a almacenar cosas en la cocina, casi siempre abandona antes de terminar.

Hay dos razones por las que debemos ordenar una casa. La primera tiene que ver con nuestra facultad para identificar qué cosas nos producen felicidad. Si no afinamos esta facultad antes de ocuparnos del *komono* de la cocina, el fracaso es seguro. Las subcategorías de la categoría de *komono* son muchas en la cocina, y lleva tiempo ordenarlas de una vez por todas. En medio de este proceso es muy fácil confundirse, y cuando esto sucede, podemos terminar trabajando durante horas sin conseguir nada y acabar a las dos de la madrugada contemplando, con el ánimo por los suelos, una acumulación sin fin de platos, condimentos, cacerolas y sartenes.

A menos que desarrollemos un sólido sentido de lo que nos produce felicidad mientras ordenamos primero la ropa, y luego los libros y los papeles, antes de ocuparnos del *komono* de la cocina, nunca llegaremos a la meta de nuestro maratón del orden. Alguien se preguntará cómo un cucharón o una paleta para el arroz pueden alegrar la vista de nadie, pero si uno ha arreglado sus cosas en el orden correcto y han comenzado a vivir una vida en la que quiere a las cosas que ha conservado, será capaz de experimentar plenamente la felicidad que le producen incluso las cosas de aspecto meramente utilitario.

La segunda razón por la que necesitamos arreglar la casa en el orden correcto es que de ese modo evitamos comprar innecesariamente útiles para el almacenamiento. La cocina, que está llena de utensilios de diversos tamaños, requiere el mayor volumen de estos útiles por pie cuadrado. Pero casi ninguno de mis clientes ha tenido que comprar útiles de almacenamiento extra, pues en el momento en que comienzan a ordenar su cocina tienen suficientes compartimentos y cajones que han quedado vacíos de objetos de otras categorías.

Las cajas de plástico transparentes utilizadas para almacenar artículos de papelería y los estantes metálicos destinados a guardar objetos en el armario del fregadero parecen hechos para este propósito. La satisfacción de ver un almacenamiento perfectamente equilibrado en toda la casa sólo puede entenderla quien la haya experimentado personalmente. Sería una lástima perdernos este placer por habernos precipitado a adquirir útiles de almacenamiento. Por supuesto, quien haya acabado de mudarse a una nueva casa, o no tenga estos útiles, o carezca de muebles donde poder almacenar cosas, necesitará comprar algunos. Y una vez que haya terminado de ordenar y almacenar, podrá decidir si le conviene adquirir otros que le gusten más.

Entonces, ¿cómo ordenar la cocina? En primer lugar, quiero aclarar que no se trata de ordenar la cocina. Se trata de ordenar el *komono* de la cocina. De ordenar por categorías, no por ubicación. Para ello hay que reunir todo lo perteneciente a una misma categoría en un solo lugar y conservar sólo las cosas que nos gusten o interesen.

Las tres categorías principales de *komono* de cocina son: cubertería y vajilla, utensilios de cocina y alimentos. Quien viva solo, puede esperar a que haya terminado de clasificarlo todo en las tres categorías para guardarlo y almacenarlo inmediatamente. Y quien viva con familia y tenga gran cantidad de *komono* en la cocina, o tenga un armario apropiado para la vajilla, tiene la opción de comenzar seleccionando los elementos de mesa que quiera conservar y almacenarlos en dicho armario, y a continuación ocuparse de los utensilios de cocina y los alimentos, los cuales se pueden almacenar en los espacios restantes.

También aquí es imprescindible terminar antes de desechar objetos. Para ello, se colocará fuera de los armarios todo lo que entre en las tres categorías principales y se alineará de manera que pueda llevarse a cabo la selección correctamente. Una vez concluida la tarea de seleccionar lo que se quiere conservar y todos los espacios de almacenamiento de la cocina se hayan vaciado, se procederá a almacenar juntas las cosas de cada categoría.

Cubertería y vajilla

Utensilios de cocina

Alimentos

La vajilla

En mi familia éramos cinco y nuestro armario estaba a rebosar. Partes de la vajilla invadían la encimera y el armario que había junto a la nevera, además de la mitad del trastero, al que se accedía desde el pasillo. Cuando era estudiante, me sentía tan obligada a racionalizar el almacenamiento de la vajilla que me levantaba a las cuatro de la madrugada y me metía en la cocina antes de que mi madre se levantase y la usara. Todavía en pijama, me subía a la cubierta, revolvía en los gabinetes y reorganizaba la vajilla; la apilaba de manera diferente cada vez, pero siempre de forma incorrecta. Incluso compré algunos útiles de almacenamiento para poder colocarla en posición vertical, igual que el *komono*, pero esto dejaba tanto espacio entre las piezas que no podía volver a introducirlas en el armario.

Durante esta operación, se me ocurrió pensar que la gente no saca un plato cada vez si en la casa vive más de una persona. Es simplemente mucho más efectivo sacar o guardar unos cuantos a la vez. Era obvio que el problema de nuestra casa era la gran cantidad de piezas de vajilla. Y con esta idea básica examiné de nuevo nuestros gabinetes e hice algunos descubrimientos sorprendentes. En primer lugar, teníamos piezas suficientes como para montar una cafetería, pero las utilizábamos todas a diario. Y no sólo eso, sino que las que usábamos cada día eran en su mayoría "premios" que habíamos conseguido con puntos, mientras que todos los platos y servicios de té caros recibidos como regalos eran almacenados en cajas como si fueran preciosos tesoros.

Inmediatamente empecé a importunar a mi madre. "Mira eso, mamá. ¿No podemos sacarlo? ¡Es que quiero usarlo!", o "Si no vamos a usarlo, podríamos tirarlo, ¿no?". Pero ella siempre me disuadía diciendo: "Lo he puesto aparte para alguna ocasión especial", o "Esto lo reservo para los invitados", aunque no habíamos tenido invitados en casa desde hacía más de un año.

Finalmente desistí de mi empeño sin resolver el problema del almacenamiento en nuestros gabinetes, pero continué dándole vueltas durante años. Pero, cuando empecé con mi trabajo actual, me sorprendió enterarme de que mi familia no hacía nada fuera de lo común: lo mismo ocurría en muchos hogares.

En el caso de mis clientes, su poco entusiasmo impide lograr el objetivo. Como el primer paso para poner orden es desprenderse de cosas que no interesan ni atraen, pido a mis clientes que se deshagan de algunas piezas adquiridas caprichosamente y saquen las que han guardado para ocasiones especiales. Aunque algunos se muestran indecisos al principio, preocupados por si pudieran romperlas, pronto descubren lo bien que sienta usar todos los días la vajilla que más les gusta. Quien lo pruebe, también se dará cuenta de que las piezas no se rompen tan a menudo. Además, la persona que se la regaló estará mucho más contenta si la usa en vez de guardarla en una caja.

Quien se muestre reacio a utilizar a diario la vajilla buena que al menos dé el primer paso y la desempaquete. Aunque es probable que la vajilla utilizada en días señalados del año sea desempaquetada al menos una vez al año, aun si se halla almacenada fuera de la vista, la mayoría de las piezas guardadas en cajas no se usará nunca. También puedo decir por experiencia que la probabilidad de que algunos conjuntos guardados en cajas no causen ninguna felicidad es bastante alta. Además, en las cajas donde se guardan las vajillas suele haber muchos separadores de cartón y envolturas de papel, lo que supone una pérdida de espacio. Es bastante común que mis clientes se encuentren con que, una vez han desempaquetado una vajilla y colocado las piezas en los estantes de su gabinete, éste parezca más limpio y ordenado, además de dejar mucho espacio libre.

Las cajas vacías en las que estaban empaquetadas las vajillas son magníficos útiles de almacenamiento. Por ejemplo, las cajas hechas para juegos de copas son muy robustas y atrayentes, y sirven muy bien para almacenar en posición vertical muchas clases de objetos, como condimentos, alimentos secos y pasta.

El verdadero desperdicio sería insistir en que sería un desperdicio utilizar bellos conjuntos regalados. Entonces hay que tomar una decisión: o bien utilizar esa bonita vajilla con orgullo o deshacerse de ella.

Echemos un vistazo a cada pieza de la vajilla para ver si nos gusta. Esto le parecerá una tarea enorme a quien tenga gran cantidad de piezas, pero que intente ver en ella una gran oportunidad para limpiar todo el armario. El sistema básico de almacenamiento consiste en dividir el armario en un zona para las piezas de beber, como los vasos, y otra para las de comer, como los platos, y luego apilarlas de manera similar.

Después de haber seleccionado la vajilla que nos hable al corazón, es el momento de guardarla. Esto puede hacerse de dos maneras: colocar las piezas una encima de otra o añadir más estantes. Un gabinete de tamaño medio es suficiente para apilarlas. Si el estante está muy alto pero hay espacio de sobra en el gabinete, se puede añadir un estante más o usar útiles de almacenamiento que añadan espacio extra a las estanterías. Un simple anaquel con patas o una estructura metálica con uno o dos estantes es lo más básico. Antes de salir a comprar nada, recomiendo apilar primero las piezas, y luego comprobar si realmente hace falta algo más. Muchos de mis clientes se dan cuenta de que, una vez que han terminado de elegir la vajilla o las piezas de ella que les gustan, tener que sacar piezas de la parte baja de la pila ya no les molesta, y de que no es necesario comprar útiles de almacenamiento.

En resumen: utilicemos cada día la vajilla que nos gusta. No dudemos en desempaquetarla y apilar las piezas en los gabinetes. Este es el primer paso para disfrutar de un comedor alegre.

Cubertería

A pesar de que la gente a menudo me pregunta cómo almacenar las piezas de su vajilla, rara vez me preguntan cómo guardar los cubiertos. Al parecer, no son muchas las personas que se dan cuenta de que la cubertería es lo más destacable del *komono* de la cocina. Pero yo les pido desde el principio que reserven el mejor espacio para su cubertería. Además de los alimentos y el cepillo de dientes, los cubiertos son las únicas cosas que entran en la boca. A pesar de la delicada naturaleza de su función, los usamos muchas más horas que un cepillo de dientes, y mientras los usamos, los movemos del plato a la boca y de nuevo al plato en innumerables ocasiones, tantas como para dejarlos mareados. Tratar con un respeto especial cualquier cosa que toque directamente nuestro cuerpo puede multiplicar el factor felicidad en nuestra vida cotidiana.

Hay dos formas de guardar los cubiertos: colocarlos en posición vertical en tubos u horizontalmente en una caja. Si no hay cajones en la cocina y es prioritario conservar el espacio, la mejor solución es almacenar los cubiertos en posición vertical. El sistema más común es colocarlos en un jarro que luego se pueda guardar en algún gabinete.

La mejor manera de almacenarlos es colocar cuchillos, tenedores, cucharas y palillos en compartimentos propios dentro de una bandeja de cubiertos o de una caja del tamaño adecuado. Si se opta por esta bandeja, los cubiertos estarán mejor si se elige una de mimbre, bambú u otro material natural con una superficie suave, en lugar de una caja de plástico en la que todos tintineen. Por cierto, mi criterio para decidir qué piezas requieren tratamiento aristocrático (otro que el que requieren cosas como las billeteras) es el siguiente: la proximidad del objeto al cuerpo. Cosas como los prendedores para el pelo o la ropa interior, que entran en contacto directo con partes delicadas de nuestro cuerpo, deben ser tratadas conforme a un rango que esté por encima del de las demás, siempre que sea posible.

Una vez que comienzan a almacenar sus cubiertos con tratamiento aristocrático, muchos de mis clientes desean usar en la mesa fundas para los cubiertos y los palillos. Y no tardan en buscar bellos manteles y posavasos. La idea de añadir a su mesa de comedor todo cuanto alegre la vista me hace anticiparme a ellos.

Komono que da realce a la mesa

En una ocasión; estaba trabajando con una de mis clientas cuando un aro de servilleta de madera rodó fuera de su caja de accesorios. Cuando le dije lo que era, se echó a reír. "Siempre lo he pensado: demasiado grande para una servilleta y demasiado pequeño para un brazalete". ¡Qué tragedia para el anillo de servilleta olvidado!

Usemos manteles, mantelitos de té, posavasos y palilleros; pueden no ser esenciales, pero alegran mucho la hora de comer. Si tenemos algunos de estos artículos, no los despreciemos. Usémoslos todos los días.

El lugar de almacenamiento normal para esta categoría de *komono* está cerca de los platos o los cubiertos, pero también pueden estar en cualquier lugar cerca de la cocina o de la mesa de comedor. Si se tienen bonitos servilleteros o palilleros de diseño, recomiendo almacenarlos con gracia. ¿Por qué no alinearlos en el cajón formando una preciosa exposición, como en los escaparates, para que cada vez que se abra disfrutemos contemplándolos?

El *komono* de cocina hecho de tela es de dos tipos: objetos tales como paños de cocina y "accesorios" tales como mantelitos individuales. Para la primera categoría, el sistema básico es el de doblar y guardar en posición vertical. Las cosas de la segunda categoría se pueden doblar, enrollar o apilar, dependiendo de su naturaleza. Las personas con un espacio mínimo de almacenamiento en la cocina, como las que viven en estudios, pueden guardarlas en un armario cerca de donde guarden otros *komono* de tela.

Utensilios de cocina

Los cucharones y las espátulas son muy duros. Es necesario lanzarse valientemente a la batalla de servir la sopa o saltear la carne mientras de la sartén saltan gotas. Si los cubiertos y los platos forman conjuntos, los utensilios de cocina son por lo general solitarios —uno en cada casa—, y tienden a mostrarse seguros de sí mismos y autoritarios. Por esta razón, después de la prueba de la felicidad no es necesario almacenarlos con demasiada consideración.

Las dos maneras básicas de guardarlos son la posición vertical y la horizontal. Colgarlos de ganchos en la pared es otra opción, pero hay que evitar que cuelguen tijeras de cocina u otros objetos afilados, porque si están colgados delante de uno, la posibilidad de cortarse lo pondrá nervioso aun siendo cuidadoso. También tengo una regla para colgar utensilios de cocina: hacerlo donde no reciban salpicaduras de aceite —que puede ser la razón de que, hasta ahora, ninguno de mis clientes haya colgado alguno.

Mi sistema estándar para almacenar en posición vertical consiste en colocar estas cosas en algo que las sostenga, como puede ser un jarro o cualquier otro recipiente que sea lo suficientemente alto para que no se caigan y para que éste quepa en el armario. Sin embargo, el sistema más común es almacenarlas en cajones. A diferencia de los cubiertos, no hay necesidad de dividir los utensilios en categorías, por lo que la mayoría de ellos pueden almacenarse directamente en el cajón o en la tapa de una caja dentro de éste. Pero abrelatas, medidores y otros artículos pequeños es mejor guardarlos en divisores que los separen de los utensilios más grandes. Si tenemos algunos adicionales que aún se encuentren en sus paquetes, podemos deshacernos de los antiguos y utilizar esos nuevos.

Recipientes de cocina

Lo primero es sacar todos los recipientes y extenderlos sobre el suelo o sobre una mesa. Esto lo incluye todo, desde cacerolas metálicas y de barro hasta sartenes, cuencos y escurridores. Y a esto sigue la operación básica de examinar cada recipiente y someterlo a la prueba de la felicidad.

Al almacenarlos, hemos de apilarlos de forma similar, uno dentro de otro, como cacerolas dentro de cacerolas y cuencos dentro de cuencos, para aprovechar la mayor parte de la altura del estante. Si los gabinetes tienen incorporado un compartimento para sartenes, utilicémoslo.

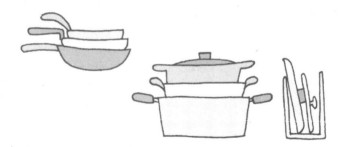

Aparatos de cocina

Reunamos todos los aparatos de la cocina, como sandwicheras, wafleras y batidoras, en un único sitio. No nos olvidemos de los que se encuentran en lugares fuera de la cocina. ¿Hay alguno que compramos cuando estaba de moda y ahora estamos cansados de él, o algún otro que no hemos utilizado durante años? Las cocinas de mis clientes me han hecho ser consciente de la increíble cantidad y variedad de aparatos y electrodomésticos que existen en el mundo. Hay sartenes para hacer huevos escalfados, freidoras, exprimidoras, batidoras, peladoras de manzanas, trituradoras de hielo, cascanueces y hasta canales para servir los fideos enfriados en agua corriente.

Actualmente utilizo cada mañana una licuadora para hacer un batido verde, pero incluso este tipo de aparatos que se utilizan todos los días deben guardarse en un estante o en un armario. Podrá parecer algo molesto, pero una vez se haya decidido dónde irán las cosas, no es nada enojoso. Hay que intentarlo. Mi sistema estándar es guardar los artilugios que raramente se usen en el fondo o en el estante superior del armario, ya que no importará mucho hacer un pequeño esfuerzo para sacarlos.

Recipientes para almacenar alimentos

Los recipientes para almacenar alimentos están hechos de todo tipo de materiales y tienen las formas más diversas: envases comerciales de plástico, vidrio y metal, tarros para mermelada y botes para las legumbres, el azúcar, etcétera. Aunque es importante hacer la comprobación básica del grado en que nos alegran la vista, también hay que saber cuántos hay.

Debemos contarlos todos, incluidos los que en ese momento se encuentren en la nevera, y considerar objetivamente la cantidad de ellos que realmente necesitamos. Si hay más de los necesarios, desechemos algunos viejos. Pero también es una buena idea guardar algunos recipientes cuadrados para su uso posterior como separadores en los cajones de la cocina.

En cuanto al almacenamiento de recipientes vacíos, se puede mejorar significativamente el aprovechamiento del espacio de almacenamiento apilando los que pueden apilarse y guardando sus tapaderas, en posición vertical, en un recipiente aparte. Alternativamente, si tenemos más espacio y nos preocupa que entre polvo en los recipientes, podemos almacenarlos en un estante con las tapaderas puestas.

Utensilios del horno

Cuando todavía estaba en la escuela primaria, antes de desarrollarse mi pasión por el orden, me encantaba usar el horno, y con frecuencia dedicaba el tiempo libre a hacer dulces en él. Todavía me emociono cuando veo los moldes para hacer bizcochos y los cortadores de galletas con forma de corazón o de animales, y me entran ganas de comprarlos a pesar de que ya no los utilizo. Pero esto me ocurre sólo cuando los veo en una tienda. Cuando los veo en las casas de mis clientes, es por lo común su petición desesperada de ayuda lo que me conmueve, no la felicidad de verlos. Quien haya comprado moldes o cortadores de galletas, pero casi nunca los use y se encuentren oxidados en un armario, debe deshacerse de ellos.

No sé por qué, pero el sistema de almacenamiento más común para los utensilios relacionados con el horno parece consistir en colocarlos todos en una bolsa de plástico, cerrar esta con un nudo y guardarla en un estante. Esto, por supuesto, está mal. Una vez dentro de la bolsa, parecen dejar de existir, tal vez por lo difícil que es respirar dentro del plástico. O tal vez por la reacción natural de apartar la vista cuando uno se topa con un bulto tan antiestético en el estante. Cualquiera que sea la razón, la frecuencia con la que la gente usa el horno disminuye cuando los utensilios correspondientes se guardan de esta manera.

A diferencia de cocinar, hornear cosas dulces es algo que hacemos cuando nos antoja. Por lo tanto, los utensilios para el horno no son verdaderos utensilios de cocina, sino artículos de *hobby*. Y estos artículos deben producir felicidad, por lo que guardarlos en una bolsa de plástico está completamente fuera de lugar. Si no se utilizan con frecuencia y se los quiere proteger del polvo, podrían al menos guardarse en una bolsa de tela o de plástico más flexible, no en una ruidosa bolsa con el nombre de un supermercado estampado en ella.

Si no es necesario guardarlos en una bolsa, los moldes y otros utensilios grandes pueden apilarse del mismo modo que los platos y colocarse directamente en un estante. Como alternativa, podemos guardarlos en una caja sólo para ellos, y en un lugar del estante donde puedan verse. Esta es una oportunidad de utilizar esa bonita caja que se decidió conservar.

Desechables

Los objetos pertenecientes a la categoría de *komono* de cocina que, por lo general, menos se usan son los desechables, como palillos, popotes, platos y vasos de plástico o cartón y servilletas de papel. Suelen utilizarse juntos, y por lo tanto está bien almacenarlos en una sola caja con todos en posición vertical. Una de mis clientas me dijo: "No quiero molestarme fregando platos, por lo que siempre utilizo platos y vasos de cartón".

Le pregunté directamente: "¿Y eso le produce de verdad alguna felicidad?"

Si alguien está tentado de usar platos de cartón por esa misma razón, le sugiero que guarde sus platos y vasos desechables en el estante más alto para que sea difícil sacarlos. O simplemente deshacerse de ellos cuanto antes. Y le recuerdo que el propósito de poner orden en las cosas es que estas nos produzcan felicidad todos los días de nuestra vida.

Como tales objetos son a menudo gratuitos, acumulamos demasiados antes de que nos demos cuenta. Ya sean palillos, o cucharillas desechables que acompañan a un helado, hemos de decidir cuántos necesitamos y deshacernos del resto. Si no los necesitamos, nos convendría decírselo al empleado de la tienda que nos los ofrece.

Bolsas de plástico

Las bolsas de plástico y de papel del supermercado son una de las cosas que más comúnmente se acumulan sin que nos demos cuenta. Yo he intentado almacenarlas de muchas formas diferentes. En mi familia usábamos para su almacenamiento otra bolsa de plástico sujeta al tirador de un armario con una pinza de la ropa. Naturalmente, ver aquello no producía ninguna felicidad. Peor aún: en nuestra pequeña cocina, cada vez que alguien pasaba por ella, se topaba con la bolsa haciendo un ruido muy molesto. La mayoría de mis clientes utiliza el mismo método, siendo la única variación el uso de una bolsa de nailon reutilizable para almacenar las demás. Mucha gente también le hace un nudo a estas bolsas de plástico. Éste es el peor método, ya que aumenta el volumen, aparte de la molestia que supone deshacer el nudo cuando haya necesidad de abrirlas.

Hay útiles de almacenamiento diseñados específicamente para las bolsas de plástico comerciales, por lo general un saco de tela con un extremo ancho en la parte superior para la inserción de las bolsas y un extremo estrecho en la parte inferior para la extracción de una cada vez, como en una caja de pañuelos desechables. No hay nada objetable en su uso, pero me parece que ocupan más espacio del necesario, y a menudo ocurre que cuando se saca una bolsa, esta arrastra a otra y cae al suelo como una oruga solitaria. Además, resta la posibilidad de adquirir algo especial para almacenar bolsas de plástico desechables.

Una de mis clientas utilizaba el sistema de almacenar bolsas de plástico dentro de otra bolsa de plástico. Aunque insistía en que su familia de cinco necesitaba una gran cantidad de bolsas donde echar la basura, estaba claro que tenía muchas más de las necesarias. Me dijo que había estado guardando bolsas durante más de treinta años. Cuando examiné la bolsa exterior que contenía el resto, me di cuenta de que el fondo

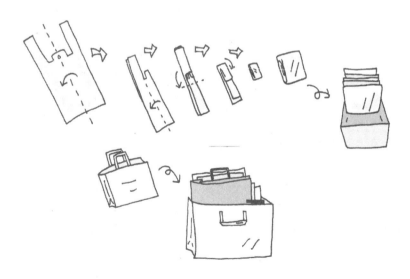

había amarilleado. Temiendo lo que podría encontrar, metí la mano dentro, agarré la bolsa que estaba más abajo y la saqué. En ese instante salió de la bolsa una nube de polvo amarillo que llenó el aire igual que los copos de pescado asado. El olor no era precisamente agradable. Si era plástico desintegrado o polvo, nunca lo sabré, pero los copos amarillos de olor picante se esparcieron por el suelo. Contamos un total de 241 bolsas. Aun utilizando cuatro bolsas al día, le llevaría más de dos meses usarlas todas.

Los problemas más comunes con el almacenamiento de bolsas de plástico son los que resultan de almacenar demasiadas, lo cual ocupa espacio. Si almacenamos tantas es porque no tenemos una idea clara de la cantidad que tenemos, y estas bolsas ocupan espacio porque tienden a inflarse. Si no sabemos decir cuántas serían muchas y cuántas pocas, podríamos calcular cuántas hemos utilizado en los últimos tres meses. Las cosas que tienden a acumularse sin darnos cuenta son precisamente las que debemos contar.

Al almacenar las bolsas, hemos de procurar reducir bulto y almacenarlas dentro de algo rígido. Las bolsas de plástico deben ser aplanadas, dobladas y guardadas en posición vertical, como la ropa, para evitar el abarrotamiento. Si no es una tarea fastidiosa doblar las bolsas, después de hacerlo han de guardarse en una caja rígida que impida su expansión. Esta debe ser pequeña, de la mitad del tamaño de una caja de pañuelos. Esto es suficiente para que quepan hasta veinte bolsas, mientras que una caja de zapatos, por ejemplo, admite unas doscientas bolsas, lo cual es ya un exceso. Y aunque las bolsas de papel se pueden almacenar en otra bolsa de papel, una caja archivadora, que es más rígida, evitará que se acumulen más de las necesarias.

Pequeño *komono* de cocina

Este es el momento de ordenar todo el pequeño *komono* del que hasta ahora no nos hemos ocupado, como cucharas de servir, cucharitas, palillos y palillos para brocheta, abrelatas y sacacorchos. Desechemos todos los elementos de los que haya dos o más, así como los que casi no utilicemos porque ya tengamos un artilugio multiuso que sirva para todo. Pero no dudemos en salvar cualquier objeto que nos alegre ver, como pueda ser un abrebotellas de bonito diseño.

La clave para almacenar estos objetos es clasificarlos todos y guardarlos en un cajón. Busquemos cajas o contenedores vacíos que tengan el tamaño perfecto para utilizarlos como separadores.

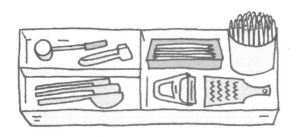

Consumibles de cocina

Los consumibles, como envolturas de plástico, papel de aluminio, papel encerado y rollos de cocina, se pueden almacenar en un gabinete o en la despensa, en posición vertical debajo del fregadero o en estantes sujetos a la puerta de un gabinete o a la pared. Si se tienen varias cajas con cosas como bolsas con cierre, estas pueden sacarse de sus cajas y trasladarse a algún contenedor para ahorrar espacio. Lo mejor es almacenar los consumibles fuera de la vista para mejorar el factor felicidad. Si se tienen demasiados elementos para que quepan en la cocina, se puede establecer la categoría de "excedentes" como subcategoría de *komono* y almacenarlos en otro lugar, como, por ejemplo, el armario de una habitación o el almacén.

Si el forro de los estantes, el filtro de la campana y los paneles antisalpicaduras que se usan para proteger las paredes de las manchas de grasa no nos producen ninguna felicidad, una solución podría consistir en eliminarlos por completo. Este es también un buen momento para reconsiderar aquellas cosas que parecen convenientes pero en realidad no lo son tanto.

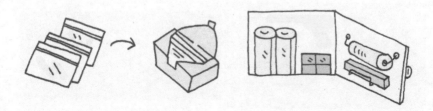

Productos para la limpieza de la cocina

Los productos para la limpieza de la cocina, como detergentes, esponjas y trapos, generalmente se almacenan juntos en una canasta guardada debajo del fregadero o en la cara interior de su puerta. Básicamente, nada debe mantenerse cerca del fregadero, ni siquiera el detergente o la esponja.

Cuando digo esto a mis clientes, a menudo se sorprenden. "¿Quiere decir que usted pone su esponja en el armario cuando aún está mojada?", suelen preguntarme. Mi respuesta es no. Ha de estar seca antes de guardarla. El secreto está en escurrir el agua por completo. Si se la estruja con fuerza para que salga toda el agua, es sorprendente la rapidez con la que se seca. Luego de escurrida, se coloca en algún sitio donde no salpique agua, o se cuelga, y finalmente se guarda cuando esté seca. Lo importante es evitar que las esponjas estén cerca del fregadero. Si la esponja se utiliza con tanta frecuencia que nunca se consigue que se seque por completo, no habrá que molestarse en guardarla en el armario, pero el detergente deberá guardarse cada vez que se utilice. Es importante no dejar cosas cerca del fregadero, o en la cubierta, que puedan soltar agua.

No hay necesidad de buscar la sencillez para la cocina

Después de todo lo dicho hasta aquí, no hay por qué suponer que haga falta reducir mucho más aún la cantidad de cosas para tener una cocina que produzca la felicidad. **Parecerá una contradicción, pero no es necesario buscar la sencillez para la cocina.**

Recorrer la sección de utensilios de cocina de unos almacenes es para mí un placer indescriptible. A pesar de que la cocina no es precisamente mi fuerte, puedo pasarme horas contemplando las filas de artículos. Y es que hay mucha variedad en el diseño, incluso de cacerolas y sartenes, por no mencionar los muchos inventos interesantes, como las máquinas de cortar aguacates y los guantes que permiten pelar la espinosa bardana con rapidez y facilidad.

Después de oír a una clienta ponderar las virtudes de un nuevo instrumento, muy útil al parecer, mientras me hacía una demostración digna de un canal de compras por televisión, de regreso a casa decidí adquirir uno para mí. Pero, por otra parte, me he dado cuenta de que los artículos muy vendidos, al cabo de un tiempo desaparecen con frecuencia de las casas de mis clientes. Cuando les pregunto por qué, suelen responderme que era difícil de usar, o se rompió, o se cansaron de él. Estos artilugios de cocina son como los juguetes de los niños. Es muy divertido probarlos cuando captan nuestro interés, pero inevitablemente llega el día en el que ya no nos interesan. Aunque lo ideal sería que pudiéramos seguir utilizándolo con cuidado y respeto, si un objeto ha cumplido su función en nuestra vida, es el momento de agradecerle sus servicios y despedirnos de él.

La cocina es el único sitio del hogar donde, incluso cuando nos hemos deshecho de aquellas cosas que ya no sirven a su propósito, todavía parece que sigue habiendo montones de ellas. Esto desconcierta muchas veces a mis clientes. "Casi he terminado de poner orden en la cocina, pero veo que todavía hay muchas cosas aquí dentro", me dicen. Quizá se imaginen una cocina como las que vemos en grandes almacenes o revistas, en las que todos los utensilios están perfectamente dispuestos en amplios armarios. Pero si tenemos en cuenta el volumen de cosas que hay en una cocina comparado con el espacio real disponible para su almacenamiento, lograr ese efecto no es tarea fácil.

En este sentido quiero subrayar que, cuando se trata de la cocina, no hay necesidad de buscar la sencillez extrema. **Lo importante es la capacidad de ver dónde almacenar todas las cosas.** Conseguido esto, aunque el espacio de almacenamiento parezca lleno, uno puede todavía estar orgulloso de su cocina. Lo que yo pretendo es que se tenga una cocina donde uno cocine a gusto, una cocina que exprese su propia y particular felicidad en esta tarea.

Alimentos

Para poner orden en los alimentos que se guardan en la cocina, recomiendo dejarlo todo en la nevera hasta el final. Lo primero que hay que comprobar es la fecha de caducidad. Los alimentos secos en particular pueden tener una vida útil inesperadamente corta, algo de lo que muchos de mis clientes se sorprenden. La regla básica es desechar cualquier cosa que haya dejado atrás la fecha de caducidad, pero quien tenga sus propias reglas, como "dos meses más es aceptable para productos enlatados", puede seguir aplicándolas como criterio. En caso de duda, basta con que se pregunte si siente felicidad cocinando ese alimento caducado.

¿Tenemos bebidas vitamínicas compradas por capricho, pero que se han quedado sin terminar, o "comida sana" comprada en más cantidad de la acostumbrada? Esta es una oportunidad para reflexionar sobre si nuestro cuerpo realmente necesita esos productos o si surten el efecto esperado.

Si hemos comprado o recibido tanto de un determinado producto que probablemente no podamos consumirlo todo, lo mejor es preguntar a los amigos si les hace falta o donar el excedente a un banco de alimentos.

Despejar la despensa

Si descubrimos gran cantidad de cosas próximas a su fecha de caducidad, utilicémoslas todas enseguida. Establezcamos un "periodo de liquidación limitado". Puede ser divertido experimentar con nuevas recetas.

Una de mis clientas, que acababa de descubrir una gran reserva oculta de alimentos caducados, me sorprendió con estas palabras: "¡Perfecto! Mi novio viene mañana. ¡Voy a dárselos de comer a él!" Por supuesto, no pretendía ser mala. Me dijo en confianza que a menudo los alimentos caducados pueden comerse sin problema, y cuando posteriormente le pregunté, me dijo que todo había ido bien. Pero yo recomiendo usar el sentido común, junto con el sentido del olfato, y estar dispuesto a aceptar las consecuencias.

Bebidas

Las bebidas se pueden dividir en dos tipos: las que se beben directamente (bebidas embotelladas o enlatadas, jugos envasados, etcétera) y las infusiones y las bebidas solubles (té, café, chocolate, etcétera). En primer lugar es preciso comprobar la fecha de caducidad. Las de la primera categoría en particular tienen una vida útil corta por su estado líquido. Por eso hay que desechar las que estén pasadas de fecha. Algunas de la segunda categoría, como el té verde y el inglés, se pueden utilizar después de caducadas en lámparas de incienso, para ahumar tocino, etcétera. Podemos idear otras maneras de utilizar estos productos en lugar de deshacernos de ellos.

Almacenamiento de los alimentos

Guardemos los alimentos por categorías. Y coloquemos los que podamos en posición vertical. Al abrir el cajón o echar un vistazo al estante de la despensa, tenemos que saber inmediatamente dónde está todo. Las categorías básicas son los condimentos, las legumbres, los carbohidratos secos (arroz, pasta, etcétera), los alimentos enlatados, los alimentos para cocer en su bolsa, los dulces, el pan y los suplementos dietéticos. Si la apariencia es importante, podemos aumentar significativamente el factor felicidad introduciendo los alimentos secos y otros en un juego de botes.

Recomiendo guardar estas cosas juntas. Si, por ejemplo, no utilizamos a menudo pequeños envases de condimentos, podemos vaciarlos en frascos, uno para cada condimento. Sólo se necesitan pequeñas ideas como ésta para hacer más eficaz el almacenamiento de alimentos.

Alimentos perecederos

Empecemos por echar un vistazo rápido al refrigerador y tirar todo lo que haya superado la fecha de caducidad. La nevera, por cierto, es la única excepción a la regla de sacar todas las cosas para comprobarlo. Si tenemos cualquier envase con salsa o condimento, u otras cosas que no utilizamos nunca, hemos de desecharlos. Y guardemos lo que queramos conservar en una caja o un pequeño contenedor para que la nevera esté más arreglada.

Al almacenar cosas en el refri hay que procurar dejar un 30 por ciento de su volumen vacío. Podemos usar el espacio libre para las sobras de la cena o cualquier alimento que se pueda aprovechar en el día. Si almacenamos las cosas por categorías, de un vistazo sabremos dónde está cada una.

Trucos para el almacenaje en la cocina

Al considerar el almacenaje en la cocina debemos pensar en la cocina como un todo. El almacenaje en la cocina generalmente utiliza los armarios que están encima y debajo de la cubierta y el fregadero, y los cajones y armarios independientes de la vajilla. Si uno de estos últimos está diseñado con estantes y cajones específicamente destinados a almacenar vajilla, los espacios bajo el fregadero y las cubiertas son a menudo grandes espacios vacíos. Como indiqué anteriormente, debemos empezar a almacenar llenando primero los grandes espacios interiores.

Mientras clasifiquemos el almacenaje por categorías, podemos almacenar las cosas donde queramos, pero, por el bien de quienes deseen ser algo más concretos, séame permitido compartir algunas de mis ideas sobre el almacenaje en la cocina. Cuando visito las casas para dar mis lecciones, tengo la costumbre de introducirme en los armarios y espacios de almacenamiento una vez que se han vaciado, o por lo menos meter la cabeza y ver si quepo dentro. El armario bajo el fregadero se nota húmedo, mientras que los armarios junto a la cocina se notan secos, y hasta se siente el olor del aceite y de las llamas. Por esta razón, creo que es mejor evitar almacenar bajo el fregadero las cosas que pueden resultar afectadas por la humedad. Yo estaba interesada en comprobar una vez más que el *feng shui* respaldaba mi intuición. De acuerdo con esta filosofía, el elemento para el espacio bajo del fregadero de la cocina es el agua, mientras que el elemento para el espacio junto a la cocina es el fuego.

La clave para el almacenamiento en los muebles de cocina es el aprovechamiento de la altura de estos espacios. En algunas casas nuevas, estos armarios tienen estantes metálicos, pero en ausencia de ellos se pueden usar sitios que hayan quedado desocupados después de poner orden. Pero si se prefieren los útiles de almacenamiento, está bien adquirirlos. Si hay que almacenar muchas cosas, es menos confuso dividirlas simplemente en las de "uso frecuente" y las de "uso poco frecuente", en lugar de intentar clasificar la frecuencia de uso por grados incrementales. El almacenamiento estándar de las cosas que se utilizan con poca frecuencia es colocarlas en los estantes superiores de un armario que se halle sobre la cubierta.

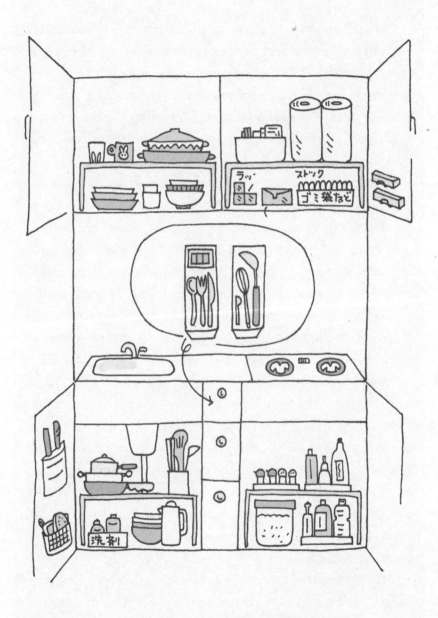

No dudemos en establecer nuestras propias categorías personales, como "utensilios para hacer pan" o "de decoración de pasteles". Comencemos con los grandes utensilios a la hora de decidir dónde almacenar las cosas. Si tenemos un armario para la vajilla, guardemos esta en primer lugar, seguida de los utensilios de cocción, los condimentos y así sucesivamente.

Al abordar el almacenamiento en los cajones de la cocina, una forma segura de obtener un buen resultado es tener constantemente en cuenta los modos de reducir volumen. Pueden utilizarse ligas, por ejemplo. Muchas personas las dejan en la caja donde venían y colocan ésta directamente en un cajón, pero esto es desperdiciar espacio. Conforme las ligas se utilizan, la caja se va vaciando, pero todavía ocupa la misma cantidad de espacio en el cajón. Se puede ahorrar espacio introduciéndolas en un pequeño frasco u otro recipiente. Esto también hará que el interior del cajón se vea más bonito. A medida que disminuye la cantidad de espacio ocupado por las cosas, se puede empezar a introducir lo que queda en la cubierta y en otros sitios en los gabinetes y los cajones. Al final, la tetera, la arrocera y los cubos de la basura terminan detrás de determinadas puertas de armarios, y la cocina está completamente libre de desorden. A quien piense que esto es imposible, lo animo a proponérselo cuando se ponga a almacenar sus cosas.

Ordenar es un acontecimiento especial. Si se pone empeño en la tarea de almacenar, se experimenta con distintas ideas y se disfruta de todo el proceso, las cosas irán como la seda. Inténtese considerar la labor como un juego. Cada idea traerá resultados inmediatos, y se podrá reajustar en cualquier momento. La tarea de almacenar es realmente la atracción más entretenida en el carnaval del orden.

Decorando la cocina

Una vez ordenada la cocina, podemos dedicar algún tiempo a hacer que parezca bonita. Podemos decorar las paredes con obras de arte, poner cortinas de nuestro gusto tras el cristal del armario de la vajilla y adherir a la pared azulejos con hermosos dibujos. Decorar la cocina puede aumentar drásticamente el efecto felicidad, especialmente si nunca antes se nos ha pasado por la cabeza la idea de embellecerla. Una de mis clientas colgó en su cocina un panel de corcho y reservó un rincón para exhibir las postales que le enviaban sus hijos y decoraciones de temporada. Comprobó que así disfrutaba más cocinando.

Recomiendo la sustitución gradual en la cocina de algunos útiles por otros que produzcan felicidad. En mi caso, por ejemplo, sustituí una espátula de plástico que estaba usando sin pensarlo mucho por otra de madera, y esto realmente me abrió los ojos a la diferencia que puede suponer servirnos de utensilios que nos alegre ver y utilizar. Aún con un sólo utensilio de uso diario que hayamos escogido cuidadosamente, el tiempo que pasemos cocinando será mucho más alegre.

Cómo alegrarnos las comidas

Cuando hayamos terminado de poner orden, el siguiente paso importante hacia la consecución de la cocina ideal es hacer todo lo posible por alegrar la hora de la comida. ¿Qué tal planear el menú y preparar la mesa de modo que refleje los cambios de estación? La mesa puede reflejar muy fácilmente las estaciones mediante el uso de artículos más pequeños, como manteles individuales y portapalillos. Estos últimos merecen especial atención. Yo tengo diecinueve, incluidos los que he hecho yo misma, y no sólo representan una estación y los ingredientes usados en los platos, sino que también sirven para dar más color a la mesa cuando convenga simplemente colocando unos cuantos al lado de los cubiertos cual acentos. También podemos añadir velas a la mesa.

Recientemente, el "arte del *daikon**", en el que se crean con el *daikon* rallado divertidas formas de animales, se ha convertido en una moda muy popular en Japón. Parece que muchas personas son bastante creativas cuando quieren poner una nota divertida a sus comidas. Experimentemos con formas de añadir detalles alegres a nuestras mesas.

---

* Rábano japonés *(N. del T.)*.

Artículos de limpieza

Cuando en una casa haya artículos de limpieza sobrantes que no se utilicen, pueden donarse a otros que los necesiten. Para seleccionar los que nos gusten, imaginemos su uso en la limpieza. Almacenemos juntos todos los que decidamos conservar en el almacén o en un armario. Los trapos o las toallas viejas o que queramos utilizar deben guardarse doblados y en posición vertical.

La limpieza de una casa no es necesariamente proporcional a la cantidad de artículos de limpieza. Éstos sólo tienen un valor si se utilizan. Si guardamos en el armario algunos que aún no se han estrenado, conviene abrirlos y limpiar a fondo todos los espacios de almacenamiento del hogar.

Productos de lavandería

Los productos relacionados con el lavado de la ropa deben almacenarse cerca de la lavadora. Personalmente me gusta quitar las llamativas etiquetas de mi jabón líquido y atarle un listón alrededor del cuello para aumentar el factor felicidad.

Komono del baño

Aunque me cueste admitirlo, ni una sola vez logré ordenar el espacio debajo del lavabo en casa de mis padres cuando vivía con ellos. Nunca entendí por qué, pero siempre había demasiadas cosas: cepillos de dientes extra, muestras de maquillaje, jabones. Pero eso no me daba derecho a tirar cualquiera de esas cosas. Peor aún, la zona alrededor del lavabo estaba siempre mojada. Intenté convencer a los demás de que debían limpiar el baño después de utilizarlo, pero como siempre refunfuñaban, me desanimé y dejé de insistir. Mi respuesta fue limpiar yo en silencio.

En aquel entonces, yo había recorrido ya un largo camino. Después de que me prohibieran ordenar cosas por haber tirado secretamente pertenencias de mi familia, había aprendido por las malas que no era recomendable inmiscuirse en lo ajeno. La única solución —decidí— era conseguir que el espacio fuese lo más agradable posible, al menos cuando se utilizara. Limpiar yo el lavabo y no quejarme fue mi forma de agradecer a mis padres que me dejaran vivir en su casa. No sólo tenía que limpiarlo cada vez que lo utilizaba, sino que además le daba una pasada cada vez que me acercaba a él. Una vez al mes retiraba las cosas de los estantes de cristal junto al lavabo y los limpiaba a fondo. Yo era bastante fiel en esta tarea de limpieza, pero cuando no podía hacerla debido al trabajo, o si alguna vez me olvidaba de ella, la zona volvía a estar mojada y manchada, lo cual era muy desalentador.

El cuarto de baño, al que a menudo se pone muy poca atención cuando se decide ordenar una casa, es uno de los lugares más difíciles de mantener ordenado. Se moja, alberga una enorme cantidad de productos que sobran, y a menudo tiene múltiples usuarios.

Al considerar el almacenamiento en cada sitio de la casa, siempre pienso en el propósito a que sirve. El cuarto de baño se utiliza para lavarse la cara, cepillarse los dientes y bañarse. En Japón puede estar donde se encuentra la lavadora y se lava la ropa. Pienso en él como el sitio donde se almacena el agua y las cosas relacionadas con la piel, cuyas principales categorías son:

- Productos para la cara y el cuerpo (consumibles para el cuidado de la piel y el cabello, cepillos de dientes, secador de pelo, moños, pasadores, cotonetes, rastrillos, espuma y hojas de afeitar, y toallas).
- Productos para el baño y la ducha (gel, champú, sales de baño, etcétera).
- Productos de limpieza (limpiador de baño, esponjas, etcétera).

La campaña del orden es una oportunidad para revisar, uno por uno, productos como los pañuelos de papel, el champú, etcétera. Cualquier producto que sea tan viejo que nos haga desconfiar de su estado, o que simplemente ya no utilicemos, debemos apartarlo enseguida.

Aunque lo ideal es gastar los productos que tenemos, si estos son demasiados, podemos donarlos. El punto clave en lo que hagamos con ellos es hacer unas cuentas: calcular cuántos días duraría un producto que se use y luego su antigüedad. Si tenemos no ya para un año, sino para cinco o seis, podemos tomárnoslo a broma para relajarnos. Hacer fotos para enseñar a los amigos dará un toque heroico a nuestro maratón del orden que será motivo de diversión mientras proseguimos la tarea de ordenar.

Si el lavabo tiene cajones, sólo hay que aplicar los dos principios básicos: almacenar por categorías y colocar en posición vertical. Pero el armario bajo el lavabo requiere una atención especial. Cuando la gente me dice que está teniendo problemas con el almacenamiento en el cuarto de baño, generalmente es porque no está utilizando el espacio bajo el lavabo de manera eficaz. Cuando abro la puerta de ese armario, encuentro el sitio abarrotado de limpiadores y geles por abajo y un gran vacío encima.

Para hacer el mejor uso del espacio bajo el lavabo, donde no hay ningún estante, hay que aprovechar su altura. Este es un caso en el que las cajas no son suficientes y los útiles de almacenamiento vienen al rescate. A menudo utilizo un conjunto de pequeños cajones de plástico sobrantes de los usados para ordenar *komono*. Si estos cajones son lo bastante profundos, pueden introducirse sin más bajo el lavabo. Y si todavía resta espacio encima de ellos, podemos añadir una caja sin tapa para guardar en ella artículos altos, como frascos o el secador de pelo, aprovechando así la altura del armario.

Si la profundidad de los cajones es la adecuada, pero son demasiado altos para el mueble, mi procedimiento estándar es desarmarlos hasta donde se pueda. Para ello, saquemos todos los cajones, pongamos el marco boca abajo y deslicemos hacia fuera las partes. Luego podremos juntarlas para hacer una caja más corta con menos cajones. Las ruedas también son extraíbles.

Un único estante con patas también funciona en lugar de los cajones de plástico. Si no tenemos ninguno, podemos colocar una caja sin tapa encima de un cajón de almacenamiento de los de plástico. Esto hará difícil abrir este último, por lo que convendrá almacenar en él solamente consumibles extra, como cepillos de dientes y jabón. De esa manera reduciremos al mínimo las veces que necesitemos abrirlo.

Si compartimos el baño con otras personas, comencemos almacenando elementos comunes antes de pasar a los personales. Los objetos muy usados por todos son los vasos para cepillos de dientes, las pasta dentífrica, el secador de pelo, toallas y geles. Una vez que hayamos terminado de asignar un espacio a estos elementos, podemos dividir el espacio restante entre las personas que comparten el baño para que cada una tenga su propio sitio donde almacenar productos personales, como los del cuidado de la piel y otros.

Si no hay espacio suficiente en el baño, cada persona deberá guardar sus artículos personales en su propia habitación. El modo de llegar a un acuerdo dependerá de toda la familia, pero recomiendo que haya reglas claras. Al establecerlas no olvidemos incluir una estrategia para mantener la zona del lavabo seca. Yo he resuelto este problema en mi casa copiando lo que ha hecho una de mis clientas, y ahora mi lavabo siempre está reluciente. Ella simplemente reservó en el cuarto de baño una toalla para limpiar el lavabo. Cualquiera se sorprenderá de no haber pensado antes esto, pero a menudo recibo de mis clientes consejos prácticos como este.

Como seguramente se habrá notado, no dejo de animar a la gente a almacenar las cosas en posición vertical, desde ropa hasta artículos de papelería o de maquillaje. Por eso la gente a menudo me pregunta: "¿Debo guardar mis toallas también en posición vertical? ¿No puedo apilarlas?" Puede que esté recordando lo bien que quedan las toallas en los hoteles cuando se hallan apiladas y hasta ordenadas por su color. Hay dos razones por las que recomiendo guardar cosas en posición vertical. Una de ellas es que hace mucho más fácil su manejo. Se puede ver al instante lo que hay, elegir rápidamente lo que se necesita y extraer o devolver una pieza sin alterar el resto. La otra razón es porque las cosas situadas en la parte inferior de una pila quedan aplastadas y tienen un aspecto lamentable.

Y las toallas se utilizan generalmente en el orden de arriba abajo. Por lo general, nadie se molesta en escoger una toalla concreta de alguna parte de la pila. Siempre que se procure colocar las toallas recién lavadas en la parte inferior y se utilice la última toalla de arriba, el montón permanecerá limpio y ordenado. Las toallas se utilizan con bastante frecuencia, y por lo tanto, las de abajo estarán allí poco tiempo. Así pues, el apilamiento está bien cuando se trata de toallas. Pero si se quiere escoger la toalla que se va a usar, es mejor doblarlas y enrollarlas como la ropa y colocarlas en posición vertical en una canasta o en un estante.

Cómo transformar el cuarto de baño en un espacio alegre

El espacio que el espejo del baño refleje es también muy importante. Los espejos tienden a multiplicar la energía de lo que reflejan, por lo que hay que procurar que el fondo reflejado sea lo más atractivo posible. Si refleja una zona de almacenamiento sobrecargada, la solución es cubrir esa zona, o guardar las cosas allí almacenadas en cajas a juego, para mejorar su aspecto.

También recomiendo colgar un bonito cuadro en la pared reflejada por el espejo. Esto deleitará la vista. Pero habrá que asegurarse de que el marco sea resistente a la humedad.

Prestar especial atención a la apariencia al almacenar artículos de aseo personal

Un elevado porcentaje de mis clientes me dice que no tiene ningún problema con el almacenamiento de artículos relacionados con el aseo personal que son limitados en número: papel higiénico, geles, desodorantes y productos de higiene femenina. Mientras no haya una cantidad excesiva de artículos extra, el almacenamiento es comparativamente fácil, y la mayoría de mis clientes comete pocos errores en este apartado. Sin embargo, tal vez por eso mismo es raro que encuentre un cliente que merezca la puntuación máxima. Para ser sincera, también en esto solía ser bastante descuidada. Pero una visita de una amiga lo cambió todo.

"Se había acabado el papel higiénico, así que saqué un rollo nuevo", me dijo informalmente después de usar el inodoro. Me quedé helada. Muy a mi pesar, me di cuenta de que no me había tomado muy en serio el almacenamiento del papel higiénico.

Así que abrió el armario, pensé. ¿Cómo pudo hacer eso sin permiso? Pero luego reconocí que la culpa era mía por no asegurarme de que hubiera a la vista un rollo de repuesto. Después de todo, no habría podido salir del cuarto de baño sin usar el que sacó.

Cuando se fue a su casa, abrí la puerta del armario. Allí estaban a la vista las cosas habituales. No parecían desordenadas, pero los paquetes proclamaban en voz alta su contenido, y todo aquello era cualquier cosa menos un espacio de almacenamiento alegre, a pesar de ganarme la vida enseñando a ordenar y de repetir a mis clientes que deben procurar que los espacios ocultos también sean alegres.

Pensando en ello detenidamente, me di cuenta de que el cuarto de baño familiar —o el de invitados, si hay más de uno— es el espacio más público del hogar, más público aún que la cocina. Pero los artículos de aseo son los menos emocionantes de la casa. Aunque los visitantes raramente pueden verlos, si los ven desordenados, estamos perdidos. Por lo tanto, en el almacenamiento de los artículos de aseo es donde más debe contar la apariencia.

Si el cuarto de baño tiene un armario empotrado, el almacenamiento es sencillo. La regla de oro es almacenarlo todo en su interior, pero de tal manera que uno no se sienta avergonzado si alguien necesita abrirlo. Lo mismo vale si hay un estante encima del retrete. El papel higiénico se almacena mejor en una canasta o en una caja. Si no encontramos una que vaya bien, podemos dejar los rollos en su paquete y colocarlos directamente en el estante. Si sólo quedan uno o dos y el paquete es flexible, se verán más ordenados si se retira el plástico y se dejan sin envolver en el estante. Si hay demasiados para que quepan todos en el estante, podemos almacenar el resto junto con los demás consumibles de repuesto.

En cuanto a los aerosoles desodorantes y los dosificadores de jabón, es conveniente retirar las etiquetas chillonas de sus tapas. Podemos quitar incluso el etiquetado completo de las cosas que usamos con frecuencia, como el dosificador o las toallitas. Los envases de los productos para el aseo tienden a ser chillantes y feos, y retirarlos supone una larga tarea extra para hacer que el interior del armario tenga un aspecto más refinado. Pero no retiremos las etiquetas si hay niños en casa, ni tampoco cuando los productos sean de uso poco frecuente, como los líquidos destapacaños, ya que pueden ser necesarias para identificar el contenido de un envase.

Por último, los productos de higiene femenina, que no son de menor importancia. Su almacenamiento en las bolsas de plástico de la farmacia está fuera de lugar. La mejor solución es almacenarlos en una canasta de mimbre o en una caja alegre. Y los artículos de más pueden guardarse en una bolsa de tela que guste. Si se vive en familia y no hay suficiente espacio para almacenar productos de higiene femenina cerca del retrete, se puede utilizar un espacio aparte del armario o en algún otro lugar reservado a ellos.

El almacenamiento de los productos de aseo ha terminado. No era tan problemático, ¿verdad? Sólo se tardan diez minutos como máximo una vez encontrada la caja o la bolsa adecuada para almacenar cosas.

Si el cuarto de baño tiene el lavabo y el retrete en zonas separadas, hay que buscar la forma de aumentar el factor felicidad. Sería una pena limitarse a almacenar las cosas como uno pueda cuando sería posible transformar por completo este espacio con un mínimo de decoración. Echemos un vistazo a lo que ya hay. Tal vez haya un calendario que cada año colgamos allí sin ninguna razón particular. ¿O hay una pila de libros o revistas que nunca hemos leído? ¿Alguna de estas cosas nos produce felicidad cuando las vemos?

El retrete tiene un desagüe; es un sitio dedicado al cien por cien a la eliminación de residuos. Por lo tanto, hay que evitar que lo que se coloque cerca de él no sea estimulante para los sentidos. Usemos cosas que atraigan a los sentidos, como aceites aromáticos, flores, un cuadro o un ornamento. Elijamos una tapa de inodoro y una alfombrilla que nos guste especialmente. Pongamos un toque personal.

¿No hemos entrado alguna vez en los servicios de un restaurante o de un sitio público y nos ha encantado su diseño perfectamente adecuado al lugar? En un café de Hawái, por ejemplo, la puerta puede estar decorada con flores de hibisco y con plumeria, las paredes con pinturas de palmeras o bailarinas de hula, y el lavabo con un adorno de tortuga; y en el aire puede haber fragancia de coco. Sólo entrar en el cuarto nos pone contentos.

Si una familia tiene gustos claramente definidos y adornos que se pueden utilizar, puede resultar divertido convertir el cuarto de baño en un muy alegre parque temático. Especialmente si la zona del retrete está separada del resto, como nadie pasa mucho tiempo en ella, es ideal para inyectarle una potente dosis de felicidad. Naturalmente, quien prefiera la tranquilidad o las cosas sencillas, puede ajustar la dosis.

Si el retrete y el baño están en el mismo cuarto, la limpieza tiene la máxima prioridad, y además habrá que controlar el moho y la humedad. Será mucho más fácil hacer que este espacio resulte más agradable si se mantiene todo cerrado y sólo se utilizan decoraciones hechas de materiales resistentes al agua. Ni que decir tiene que mantener el retrete limpio es la clave para mantener un espacio agradable. Procuraremos que en el suelo no haya nada excepto un pequeño cubo de desperdicios y si acaso una escobilla.

ELIMINEMOS LAS COSAS QUE SON LA ESENCIA MISMA DE LA "NO-FELICIDAD"

Casi tan importante como añadir más felicidad es eliminar cosas que son la esencia misma de la "no-felicidad". Me refiero a cosas que no producen en absoluto felicidad y que en realidad no son sino apéndices extraños. El fino precinto transparente que cubre la pantalla LCD del equipo de audio, o la envoltura de celofán arrugado en el ramo de flores secas recibido como regalo, por ejemplo, son cosas que no se necesitan para nada.

Lo mismo ocurre con las palabras "cocción a presión" estampadas en una olla para cocer arroz, con el logo de la empresa fabricante grabado en las cajas de cartón del armario, o con las palabras "cotonetes" en grandes letras sobre la caja que los contiene. Cuanta más información textual haya en nuestro entorno, más se llena nuestro hogar de ruido.

Sólo eliminando estos elementos de nuestra casa podemos crear un espacio elegante. Los efectos son inmensos. Si aspiramos a la cumbre de la felicidad, esta eliminación es de lo más recomendable.

8

Ordenar objetos de valor sentimental

Ordenar objetos de valor sentimental significa poner en orden el pasado

Llegamos ahora a la última etapa de nuestra campaña del orden: la de ordenar los objetos de valor sentimental. Lo más importante a la hora poner orden en esta categoría es creer en nuestra propia capacidad para la felicidad. Habrá quien se pregunte por qué digo esto ahora, pero permíteme recordarlo una vez más: tu capacidad de discernir lo que produce felicidad es ahora completamente distinta de cuando empezasteis a leerme. Si has trabajado duro para almacenar cosas en el orden correcto, desde la ropa y los libros y papeles hasta la voluminosa categoría de *komono*, has perfeccionado suficiente tu sensibilidad a todo lo que produce felicidad, y ahora podrás relajarte y dedicarte a ordenar los objetos de valor sentimental.

Hay algunos puntos importantes que debemos de tener presentes. En primer lugar, una cosa que nunca debe hacerse: llevar objetos de valor sentimental a la casa de los padres. Hubo un tiempo en que pensaba que mis clientes hacían bien en enviar cosas al hogar de sus padres siempre y cuando tuvieran espacio para ellas. Pero cuando tuve que ayudar a esos padres a ordenar su casa, me di cuenta de que no podían hacerlo porque tenían una enorme pila de cajas de sus hijos. Por otra parte, una vez trasladadas esas cajas, casi nunca se abrían.

En segundo lugar, quien no se sienta capaz de deshacerse de una cosa, que la conserve sin más. Si no puedes desprenderte de algo como, por ejemplo, una camiseta del colegio diseñada para un festival, guárdala en casa. No hay que criticarse a uno mismo por no ser capaz de tirar algo tan simple como eso. Es mejor confiar en el instinto, que ya has perfeccionado eligiendo qué cosas conservar y qué otras desechar entre una cantidad ingente de ellas. Si de verdad deseas conservar esa camiseta, algún día te darás cuenta de que hiciste bien en conservarla.

Por último, hagamos un buen uso de las cosas que decidamos guardar para la siguiente etapa de la vida. Si estamos dispuestos a afrontar todos los problemas que nos cause la selección de objetos de valor sentimental que nos produzcan felicidad, es importante conservarlos de una forma que nos permita disfrutar de ellos cuando queramos. "¿Me seguirá alegrando contemplar esto en el futuro?" Usemos esta pregunta como criterio para saber qué hacer con cada objeto y poner orden en nuestro pasado.

Cómo ordenar los recuerdos del colegio

Cada estudiante recibe durante su vida escolar boletas de calificaciones y certificados de graduación. Si deseamos guardar como recuerdo las boletas con las calificaciones, un buen método consiste en elegir sólo la que nos causó mejor impresión. Aunque yo preferí dar las gracias a todas esas cosas y luego deshacerme de ellas.

Habrá quien no se sienta capaz de deshacerse de su uniforme del colegio. ¿Por qué no intenta ponérselo y perderse en los recuerdos de su juventud? La mayoría de mis clientes que hacen esto se vuelven más razonables y lo desechan.

Cómo ordenar recuerdos de amores pasados

Podemos tener muchos recuerdos de un amor del pasado: regalos, vestidos, fotografías instantáneas... Para quien desee iniciar una nueva relación, lo más elemental es deshacerse de todo. La excepción son las cosas que haya utilizado a menudo durante mucho tiempo y que ya no le traigan recuerdos de esa relación pasada.

Independientemente de los recuerdos que tengamos, jamás debemos albergar sentimientos negativos hacia las cosas. Démosles las gracias por los maravillosos recuerdos para luego desprendernos de ellas con esa gratitud.

Si sentimos la necesidad de limpiarnos de cualquier karma que pueda haber quedado adherido a las fotos de una persona con la que rompimos, echemos sobre ellas una pizca de sal purificadora y ocultemos los rostros introduciéndolas en un sobre o bolsa de papel con las imágenes mirando hacia dentro para que no puedan verse cuando el sobre esté abierto. Este método de usar una bolsa de papel y la sal purificadora funciona no sólo con las fotos y los muñecos de peluche, sino también con cualquier cosa con la que exista algún tipo de vínculo emocional, como objetos pertenecientes a una persona fallecida.

Una de mis clientas, que estaba deshaciéndose de recuerdos de un antiguo novio, echó sal en la bolsa con tanta fuerza que parecía estar expulsando demonios. Mientras cerraba la bolsa, me hizo este comentario: "No me he sentido así desde aquel día. Ahora puedo seguir con mi vida". Con una expresión de paz que nunca había mostrado antes, juntó las manos y se inclinó ante la bolsa diciendo: "Gracias por todo". No tengo ni idea de lo que habría ocurrido "aquel día", pero la sal parecía haber surtido su efecto.

Grabaciones en video

Entre las grabaciones en video con valor sentimental las hay de viejos programas de televisión y de diversos acontecimientos en la vida de una o varias personas. Los videos sin etiquetas pueden ser un verdadero problema cuando se los somete a la prueba de la felicidad. Cuando haya que averiguar el contenido, conviene limitarse a ver sólo el principio y tomar la decisión inmediatamente. Si son muchos, es necesario reservar un tiempo para hacerlo, y hacerlo, todo de una vez. Personalmente estoy a favor de desecharlos todos sin comprobar su contenido. Si es posible transferir el contenido de los videos seleccionados a DVD o a un disco duro, el ahorro de espacio físico de almacenamiento será considerable.

Dibujos infantiles

Hay varias formas de tratar esta categoría, como tomar fotos de las muestras artísticas de nuestros hijos antes de desprendernos de ellas o decidir cuántas vamos a conservar y limitarnos a esa cantidad. Pero si hay algunas que en ese momento no nos sentimos capaces de desechar, no hay necesidad de hacer ningún esfuerzo.

Aunque, si vamos a conservarlas, es importante cuidarlas. Recomiendo la asignación de un rincón específico donde podamos contemplarlas. Pero una vez hayamos disfrutado lo suficiente de ellas, podemos darles las gracias por haber ayudado a nuestros hijos a crecer y desecharlas sin sentimiento alguno de culpa.

Crónicas de nuestra vida

Si decidimos conservar recuerdos tales como billetes de nuestros viajes, conviene que los guardemos de manera que podamos disfrutar de ellos en cualquier momento, por ejemplo en un álbum de recortes.

De las agendas se podría elegir una de los años más felices. Y en el caso de los diarios, hojearlos y recordar cosas que sucedieron, conservando sólo las anotaciones que nos alegre recordar. O bien adoptar el criterio de una de mis clientas, que consistía en deshacerse de las que le avergonzaría que otros leyeran después de su muerte.

Cartas

Echemos un vistazo a cada una de las cartas que recibimos en el pasado y digamos adiós con gratitud a aquellas que cumplieron su propósito. En lugar de echarlas directamente a la papelera, es más respetuoso introducirlas primero en una bolsa de papel.

Luego procedamos a atesorar las que aún nos animan o nos tocan el corazón cuando volvemos a leerlas. Como las cartas se deterioran con el tiempo, conviene guardarlas en un sitio ventilado y con poca humedad. También podemos guardarlas en una caja que nos guste especialmente.

El último paso de la campaña: ordenar las fotos

Comencemos, como de costumbre, examinando cada foto para seleccionar sólo las que nos alegra ver y tener. La regla básica es sacar todas las fotos de sus álbumes, pero no es necesario hacer esto con un álbum que nos llene todo él de felicidad.

No hay que vacilar ni aunque tengamos dos cajas llenas de fotos. Con el nivel de sensibilidad ya alcanzado, no creo que nadie se sorprenda de la rapidez con que puede seleccionar las que desee conservar. Dejemos de lado las que sean similares y las que muestren escenas que no recordamos. En cuanto a los negativos, la regla básica es desecharlos todos. Una de mis clientas me dijo que conservaría sólo aquellas fotos en las que se viera bien, lo que, en cierto sentido, es un criterio correcto.

Durante el proceso de selección, es muy práctico colocar todas las fotos en el suelo ordenadas por años. De esta manera podremos disfrutar de la tarea de organizar nuestro pasado. Colocar las fotos en un álbum que nos guste es el paso necesario y definitivo de la prueba de la felicidad. Las fotos sólo mantendrán vivos nuestros recuerdos cuando hayan sido ordenadas para poder disfrutar de ellas en cualquier momento.

Cómo ordenar las fotos familiares

Tengo que hacer una confesión. Sólo muy recientemente terminé de ordenar mis fotografías. Por supuesto, hace mucho tiempo que terminé de ordenar las fotos que hice yo y las que se tomaron después de ingresar en la universidad, pero no había sido capaz de tocar ni una sola foto en la que aparecía yo de pequeña con mi familia. Hace poco, mi padre me dijo que había encontrado una enorme cantidad de fotos antiguas guardadas en cinco cajas de cartón depositadas muy atrás en el armario. Me pregunté qué hacer. ¿Debía pedirle que se ocupara él mismo de ellas o armarme de paciencia y ponerme yo a la tarea? Al final, decidí que lo haríamos toda la familia junta.

A la semana siguiente fui a casa de mis padres, saqué las fotos de las cajas, las extendí en el suelo y comenzó el último capítulo de nuestro festival del orden. La selección de aquellas fotos con mi familia, riendo y comentando nuestros recuerdos, para decidir cuáles conservar, probablemente sea la tarea ordenadora más feliz que haya hecho nunca. Y eso me dio una idea. Decidí hacer un álbum apropiado de nuestros recuerdos como regalo para mis padres. No había hecho nada para mis padres desde mis años en el jardín de infancia, y, para ser franca, decidí hacerlo como parte de mi investigación sobre el orden.

Me movía más la curiosidad. Aunque mis padres habían hecho fotos de eventos importantes de la familia, como cumpleaños y fiestas navideñas, no recordaba haberlos visto alguna vez mirando esas fotos de todos nosotros y rememorando tiempos pasados. En cambio, algunos de mis clientes me muestran con orgullo álbumes preciosos llenos de recuerdos, y parecen disfrutar todo el tiempo que dedican a mirarlos. Tenía curiosidad por saber si el hecho de que mis padres no hicieran eso se debía a algún rasgo de su personalidad o simplemente a que nunca lo habían intentado, y también si hacer un álbum podría influir en la manera de ordenar sus fotos. Como puede comprobarse, mis motivos eran muy sospechosos, y me ponían en evidencia como el monstruo del orden que soy.

Dio la casualidad de que el cumpleaños de mi madre estaba a sólo dos semanas. Me cité con mi hermana menor para hacer un álbum que narrase la vida de mis padres después de casarse. El primer paso era encontrar un álbum cuya vista nos alegrase. Elegí uno con una elegante decoración dorada sobre un fondo rosado. Era del tamaño adecuado, ni demasiado grande ni demasiado pequeño, por lo que sería fácil para mis padres mirarlo una y otra vez. Cabían dos fotos en cada página para un total de cien fotos.

Sabiendo así la cantidad de fotos que necesitábamos, era el momento de elegirlas. Dividimos aquella enorme cantidad de fotos y las examinamos una por una. Nuestros criterios eran simples: mi madre tenía que estar guapa; algunos de la familia tenían que estar con ella; y, por supuesto, las fotos debían alegrar a quien las mirara. Al principio, mi hermana se sintió abrumada por la gran cantidad de fotos, pero trabajamos sin detenernos, y en poco menos de dos horas la habíamos reducido a un centenar.

Pero aún no habíamos terminado. ¡Las fotos de hoy en día son digitales! Desde el advenimiento de la cámara digital, la gente toma fotos sin fin, pero rara vez las mira más de una vez. Mi hermana y yo dividimos las tarjetas de memoria, de las que había unas veinte, y empezamos a seleccionar las mejores tomas. **Para ordenar las fotos digitales vale el mismo principio: elegir las que queramos conservar, no las que queramos desechar.** Nunca acabaríamos si nos parásemos a decidir cuáles borrar cuando hay tantas posibilidades.

Comencemos por crear una nueva carpeta en el ordenador (la mía se llama "fotos alegres") para luego introducir en ella todas las fotos seleccionadas. Si tenemos fotos de ese mismo día, elijamos sólo la mejor. Concentradas en la tarea, nos llevó una hora reducir la colección a treinta fotos. Las imprimimos todas.

Y es ahora cuando empieza el verdadero trabajo. Coloquemos todas las fotos en el suelo separadas por los años en que se hicieron, avanzando de izquierda a derecha hasta llegar a las más recientes. Las fotografías del mismo año deben alinearse en una fila vertical que se extienda hacia abajo. Si no estamos seguros de cuándo se tomó una foto, hagamos una estimación.

"Los lentes de papá parecen de los años ochenta".

"Fuimos a Nagasaki cuando estaba en la escuela primaria, ¿verdad?".

En el momento en que terminemos, parecerá que hayamos jugado sobre el suelo múltiples solitarios. Esta disposición nos permite ver si hay más fotos de unos años que de otros, o fotos en situaciones similares. Estas pueden eliminarse hasta que quede el número requerido. Entonces se podrán trasladar todas al álbum de una sola vez, añadiendo pegatinas y etiquetas de decoración. El resultado suele ser bastante impresionante.

Cuando mi hermana y yo terminamos, me había olvidado por completo de que yo estaba haciendo aquello para investigar, y sólo pensaba en que estaba haciendo algo de lo que mi madre iba a disfrutar. El resultado fue un rotundo éxito. Mi madre y mi padre, que nunca habían mirado sus fotos antes, han empezado desde entonces a imprimir sus fotos digitales para contemplarlas. Ahora invito a mis clientes a que hagan un álbum para sus padres como parte de la lección sobre la manera de ordenar objetos de valor sentimental. O, si sus padres ya han fallecido, les sugiero hacer un álbum conmemorativo, que les permitirá mirar hacia atrás y recordar la vida de sus padres.

Los comentarios que escucho son muy variados.

"No he hecho algo así desde que estaba en el colegio, pero es muy divertido".

"Siempre había estado algo distanciado de mis padres, pero cuando miro cada foto, pienso en lo mucho que me querían y se esforzaron para sacarme adelante, y siento gratitud hacia ellos".

Al final, todos mis clientes, incluso aquellos que aún no han cumplido los treinta años, reconocen que deberían haber ordenado sus fotos mucho antes. Yo me sentía igual que ellos. **Nunca es tarde para empezar.** Pero, si empiezas, lo mejor es que te enfrentas a los objetos de valor sentimental tan pronto como sea posible una vez se hayan dejado atrás los veinticinco años para poder ordenar tu vida y llenar tus días de felicidad.

PARTE III

Una magia que cambia la vida

9

Una casa alegre

Un recibidor alegre

Como el monstruo del orden que proclamo ser, puedo decir cuál es el estado de los armarios de una persona en el mismo instante en que pongo los pies en el recibidor. En un recibidor de una clienta había un montón de zapatos y un paquete de periódicos listos para el reciclado. Llaves, guantes y avisos de entregas se encontraban esparcidos al azar encima del mueble del calzado, y el pasillo estaba tan lleno de cajas con libros y de ropa que parecía un cobertizo. "Va a tener que entrar por la puerta trasera", me dijo. "No puede pasar por aquí. No hay espacio". Como era de esperar, su casa parecía un almacén. Éste es un ejemplo extremo, pero cualquier hogar con una entrada desordenada necesariamente estará desordenado por todas partes.

Incluso cuando el recibidor parece a primera vista bastante ordenado, si el aire está cargado, es muy probable que los armarios están llenos a rebosar. De hecho, la circulación del aire es un aspecto que se ha de tener en cuenta al ordenar el recibidor, y es algo en lo que pienso cuando planifico el almacenamiento en general dentro de una casa. Mi regla de oro es observar cómo el aire fluye desde la puerta de entrada hacia el resto de la casa para asegurarme de que nada obstruya su circulación. Si la entrada está llena de zapatos y otras cosas, la atmósfera del hogar será sofocante.

Por eso recomiendo mantener el recibidor lo más despejado posible. Sólo se deben dejar allí los zapatos después de haberlos usado durante el día para que se ventilen. Esto significa que habrá tantos pares de zapatos como miembros de la familia. Las cosas que sólo se necesiten durante un cierto periodo de la vida, como el cochecito del bebé, también se pueden dejar allí.

Es preferible poner muy pocas cosas en el recibidor. Sugiero elegir una sola que verdaderamente nos guste para dejarla en este espacio. Si deseamos mostrar varias cosas pequeñas, podemos evitar el aspecto desordenado colocándolas en una bandeja o sobre un tapete para que juntas hagan una única decoración. Y dejemos las demás cosas que nos gusten para decorar el resto de la casa.

Una sala de estar alegre

El fin de la sala de estar es proporcionar a la familia un espacio donde reunirse y disfrutar de la mutua compañía. Tengamos siempre presente que es el centro de la vida familiar.

La sala de estar ideal tiene muebles que nos alegran la vista. Recomiendo un sitio fijo para el control remoto, las revistas, etcétera. Y considerar la presencia de plantas, el sonido de una música que nos agrade y la preparación de un rincón especial para las fotos de la familia.

Una cocina alegre

La limpieza es fundamental. La humedad y el aceite son los enemigos de la cocina. Por eso es esencial que sea fácil de limpiar. No dejemos nada en la encimera cerca de la estufa o del fregadero. Reduzcamos al mínimo las cacerolas y las sartenes, almacenemos todos los utensilios en un solo lugar y utilicemos el sistema de almacenamiento vertical para los alimentos.

Y decoremos también la cocina. La tarea de cocinar tiene que ser entretenida.

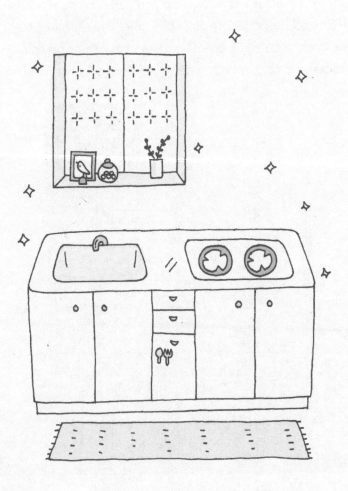

Un despacho alegre

Sólo con la eliminación de todos los papeles innecesarios tendremos la mente despejada. Mantengamos, pues, también despejado el escritorio en la medida de lo posible. Y organicemos cuadernos y otros materiales de acuerdo con nuestras reglas.

Consideremos la presencia de una planta ornamental. Que el despacho no sea simplemente práctico. Es importante añadir un toque lúdico, precisamente porque es un lugar de trabajo.

Un dormitorio alegre

Hagamos del dormitorio un lugar donde recargar pilas y levantarnos frescos para el nuevo día. Es conveniente una iluminación suave e indirecta, poner música relajante e instalar elementos que por sus características y aromas nos alegren el reposo. Sábanas y fundas de almohada deben lavarse con frecuencia.

Un cuarto de baño alegre

¿Por qué no disfrutar de las delicias del cuarto de baño? Bañarse a la luz de unas velas y añadir sales de baño, flores o lo que nos apetezca. Mantengamos la bañera y la encimera bien limpias. Y saquemos sólo lo que necesitemos para luego devolverlo a su sitio.

El cuarto de baño es la "zona de desintoxicación". Es importante mantener la energía que fluye por él a fin de tenerlo arreglado. Cualquier decoración debe alegrarnos la vista y estar dispuesta conforme a nuestros deseos. La limpieza es fundamental. En el cuarto de baño ideal se respira un aroma fresco y natural. Mantengamos elementos como el papel higiénico fuera de la vista, en una canasta o cubierto con un paño.

10

Los cambios que se producen cuando hemos terminado de ordenar

Hubo un periodo de mi vida en el que todo lo que hacía era trabajar. Aunque agradecía que la gente me siguiera llamando para recibir lecciones, aún visitando sólo a dos clientes por día, no podía mantener el ritmo. A veces daba tres lecciones al día, la primera desde las siete de la mañana hasta el mediodía, una segunda desde la una hasta las cinco y otra más desde las seis hasta las once de la noche. Y no sólo eso: cuando llegaba a casa, tenía que continuar escribiendo mi libro. Me encantaba mi trabajo, pero había momentos en los que, de repente, me daba cuenta de que no había comido en dos días. Parecía que estaba viviendo en medio del desierto del Sáhara, no en una urbe como Tokio. Temía que, de continuar así, acabara en el hospital de tanta dedicación al orden.

Una tarde, justo cuando empezaba a pensar que estaba llegando al límite de mis fuerzas, sonó mi celular. Era un correo electrónico de una graduada de mis clases llamada Mayumi.

"KonMari, ¿me tomaría usted como su aprendiz?", escribió.

¡Qué sorpresa! Justo el día anterior había confeccionado una lista de graduados con la idea de pedir ayuda. El nombre de Mayumi estaba entre los primeros. Había recibido mis clases hacía algo más de medio año. Me da vergüenza decir que, cuando la conocí, pensé que era un poco difícil de entender. "Poner orden está en mi lista de cosas que tengo que hacer cada mes, pero mi casa nunca está limpia... Me siento como si estuviera ordenando cosas todo el tiempo", me dijo; pero era tan tímida, que su voz se desvanecía al final de cada frase. Había ido a la escuela de arte porque de niña le gustaba dibujar, pero renunció a la idea de dedicarse al dibujo mientras andaba en busca de empleo, y se puso a trabajar en un bazar. "Porque me gustan las cosas de los bazares", dijo. Poco después fue ascendida a gerente, pero decidió dejar el empleo cuando se dio cuenta de que no quería ser gerente. Cuando la conocí, trabajaba de vendedora a tiempo parcial, un trabajo que le encontró una conocida suya.

"Creo que no sirvo para nada. Nunca me las he arreglado para terminar las cosas que me propongo hacer. Me pregunto si soy realmente capaz de ordenar nada... No me veo haciendo este trabajo indefinidamente, pero tampoco tengo una idea clara de lo que realmente quiero hacer... Me siento tan insegura con todo..."

Ésta era Mayumi. Pero en nuestra segunda lección ya estaba empezando a cambiar. "¡Hola!", me saludaba mientras me abría la puerta. Llevaba un blazer negro sobre un vestido carmesí acentuado con cintas. Un notable contraste con la sudadera gris y los pantalones vaqueros que vestía durante nuestra primera lección. Yo siempre llevo una chaqueta adecuada cuando trabajo para mostrar mi respeto al hogar de cada persona, pero ella fue la primera de mis clientes en vestirse para una lección. "He decidido que de ahora en adelante haré las cosas de forma adecuada", me explicó. Todavía recuerdo mi asombro ante su tono claro y seguro.

Esta mujer se convirtió en mi aprendiz, y su pasión por el orden ha sido bastante sorprendente. Siempre que puede, me acompaña en mis lecciones como asistente. Lleva las bolsas de basura, ayuda a reunir la ropa y tritura papeles confidenciales. Si es necesario, agarra un martillo y desmonta una rejilla metálica, o arma un reloj cucú que nunca ha sido desempaquetado para colgarlo en la pared. Mientras hablo con mis clientes, ella se sienta discretamente en el suelo, escuchando y observando atentamente mis lecciones. Concluida la lección del día, nos sentamos en un café, tomamos un té y repasamos los trucos del oficio de ordenar.

Ella siempre lleva consigo su pequeño cuaderno, en el que anota con todo detalle lo que yo digo, lo que ella aprende y todos los secretos de un buen almacenamiento. Ya han pasado dos años desde que se convirtió en mi aprendiza, y ahora me parece una persona totalmente diferente. No sólo ha perfeccionado notablemente sus habilidades para ordenar cosas, sino que además sus palabras y su comportamiento demuestran seguridad. Un día le pregunté en tono informal: "Mayumi, ¿tu vida es alegre?".

"¡Sí!", respondió enfática.

Para las personas que la rodean, esta transformación puede que no parezca tan obvia, pero los pequeños cambios al final pueden transformar por completo la vida de una persona. Sin lugar a dudas, poner orden en la propia vida también hará que cualquiera cambie. No quiero decir con esto que uno alcance de repente el éxito social o se haga inmensamente rico, aunque en muchas personas éste pueda ser el resultado. El mayor cambio que se produce cuando se aprender a ordenar es que uno aprende también a quererse.

Quien saber ordenar, gana en seguridad.

Empieza a creer en el futuro.

Las cosas empiezan a ir más suavemente.

La gente que conoce también cambia.

Las cosas inesperadas suceden de una manera positiva.

El cambio comienza a acelerarse.

Y se empieza a disfrutar realmente de la vida.

No sólo Mayumi, sino cualquier otra persona puede experimentar esto. Una vez se siente la satisfacción que produce el orden, todo el mundo, sea quien sea, desea hablar a los demás de su experiencia, y habla con pasión de la transformación que ha experimentado. **Ordenar es contagioso.**

Los ojos de Mayumi, que antes odiaba ordenar cosas, cuando habla con entusiasmo de su transformación, siempre me recuerdan el mágico efecto de ordenar.

Ordenar y poner orden en la vida amorosa

Cuando pregunto a mis clientes japoneses: "¿Qué tipo de habitación quieres?", por alguna razón muchos de ellos dicen: "Una habitación que me ayude a atraer un amor y casarme". No soy una experta en favorecer la suerte en el amor o el matrimonio a través del orden. Sin embargo, a menudo escucho de mis clientes que su vida amorosa marchó sobre ruedas una vez que ordenaron su casa. Las razones son varias. En unos casos, la superación de un complejo de inferioridad con respecto a la capacidad para ordenar la casa infundió confianza a la persona que lo padecía, haciéndola más proactiva en el amor. En otros, el orden acentuó la chispa que ya había en su relación hasta el punto de proponer el matrimonio. También recibo información de clientes que, como resultado de haber ordenado la casa, decidieron poner fin a una relación. **No importa la dirección que tomen los resultados; es evidente que ordenar también puede ayudarnos a poner orden en nuestra vida amorosa.**

Cuando entrevisté a N antes de su primera lección, la conversación pasó de hablar del orden a revelarme las preocupaciones que le causaba su vida amorosa. "No estoy segura de que el hombre con el que estoy saliendo sea la persona adecuada para mí", me confió. Llevaban saliendo tres años y trabajaban en la misma empresa. Algunas de las ropas y otras pertenencias de él se encontraban en su apartamento, pero como mi trabajo no era aconsejarla en su vida amorosa, limité mis consejos a la tarea de ordenar. Pero, visitando a mis clientes, he aprendido que cuando no están seguros de su relación, tienden a acumular gran cantidad de documentos sin clasificar. N no era una excepción. Tenía talonarios de cheques que nunca utilizaba, formularios que debería haber rellenado para dejar constancia de que se había mudado, recortes de recetas de cocina que tenía intención de ordenar algún día, etcétera.

"Creo que tengo otros asuntos que atender antes que mis preocupaciones por mi vida amorosa", dijo riéndose. La dejé con la tarea de clasificar todos esos documentos hasta la próxima lección. Cuando regresé, la vi totalmente diferente, casi sin preocupaciones. Había hecho la tarea, y se había tomado un día libre para rellenar y enviar todos los formularios. Y no sólo eso. Después de ordenar sus papeles, se dio cuenta de que ya no podía negar la ambigüedad de su relación, y ella y su novio decidieron distanciarse temporalmente.

"Quería tener espacio para ordenar mis sentimientos", me explicó.

Terminamos en sólo dos lecciones. No supe nada de ella en cinco meses. Y cuando tuve oportunidad de volver a verla, me sorprendió saber que ella y su novio se iban a casar. "Después de haber estado un tiempo separados, él me pidió que nos casáramos. Si todavía hubiera notado aquella ambigüedad, podría haber dudado. Sin embargo, durante el tiempo que estuvimos separados, mis sentimientos se habían aclarado bastante. Pero confiaba en que sería feliz, así que dije un sí que me salió del corazón". Me conmovió la felicidad que veía en sus ojos mientras me hablaba.

Después de haber trabajado como consejera durante muchos años, he aprendido que las personas que aún no han conocido a alguien que verdaderamente les guste tienden a acumular gran cantidad de ropa y papeles viejos, mientras que las que tienen una relación, pero la ven ambigua, tienden a ser descuidadas con sus cosas. Nuestra relación con otras personas se refleja en la relación con nuestras cosas, y, del mismo modo, nuestra relación con las cosas se reproduce en la relación otras personas.

Ordenar aclara nuestras relaciones

Cerca de la mitad de mis clientes son padres que están criando a sus hijos. Durante mis clases, he visto lo difícil que les resulta criar a sus hijos cuando trabajan, sobre todo si son todavía muy pequeños.

Una de mis clientas, F, vivía con su marido y dos hijos de dos y cuatro años. Tanto ella como su marido trabajaban como profesores de enseñanza primaria. "Siempre estoy cansada", me confió. "Cuando llego a casa del trabajo, estoy tan fatigada que no puedo ni sacar la basura. Entonces me siento culpable de no poder siquiera hacer algo tan simple como eso... Mi marido llega tarde a casa, pero no me gusta quejarme, porque sé que su trabajo también es muy duro... Me gustaba mi trabajo, pero a veces perdía la confianza y me preguntaba si me convenía seguir así... Toda mi vida se centra ahora en 'resistir' y 'seguir adelante' con mi trabajo, por eso me gustaría poder dedicar algún tiempo a relajarme y tomar un té en mi taza favorita".

Cuando F terminó de ordenar su casa, se dio cuenta de que realmente amaba su trabajo. Reconoció que los libros de texto, que antes pensaba que eran una molestia y debía prescindir de ellos, le gustaban. "Mi armario estaba tan lleno de cosas secundarias que no podía cuidar las verdaderamente importantes. Ni tampoco cuidar de mí misma. Todavía estoy demasiado ocupada, y la ropa sucia se amontona sin que me dé cuenta. Y todavía hay momentos en que estoy tan cansada que no tengo ganas de hacer nada. Pero ya no estoy nerviosa. Puedo perdonarme por estar tan cansada y tomarme un descanso".

La relación con su marido también cambió. Hasta ese momento, cada uno había estado trabajando duro para cumplir con su propio papel por separado, pero ahora trabajan juntos para sostener a su familia. Ella y su marido comparten sus ideas sobre el futuro y reciben clases juntos. "Los dos nos pasábamos el tiempo pensando en el tipo de vida que queríamos vivir dentro de veinte años. Cuando compartimos nuestra visión, nos dimos cuenta de que los dos queremos vivir en la misma casa en que vivimos ahora. Por primera vez en nuestro matrimonio, yo era capaz de decirle que estaba contenta de haberme casado con él, a pesar de que me sentía un poco tímida para decírselo".

Los cambios que la tarea de ordenar la casa provocó en el trabajo y en las relaciones de F pueden no haber sido trascendentales, pero "la cantidad de veces que, de repente, me paro mientras cocino o doblo la ropa y me doy cuenta de que soy feliz, ha aumentado". Ésta es una respuesta muy común entre las personas que han conseguido ordenar su casa. He aprendido de mis clientes que lo que realmente trae felicidad a nuestras vidas es saborear la vida diaria, en lugar de subestimarla.

Si las cosas de la familia nos incomodan, seamos como el sol

"¿Cómo puedo conseguir que mi madre aprenda a ordenar sus cosas?"

"Mi mujer necesita sus lecciones".

A menudo recibo mensajes como estos. A medida que se avanza en el proceso de ordenar, las cosas y los espacios de la familia pueden empezar a incomodarnos. "Mi forma de ordenar la casa parece haber convencido a mi marido. Ha reducido algunas cosas, pero ni mucho menos lo suficiente. Tiene que haber algo que pueda hacer para que se lo tome más en serio".

Conozco muy bien este sentimiento, esta irritación que se siente cuando se observa la gran diferencia que existe entre el propio espacio y el del resto de la familia.

"No puedo soportar la vista de las cosas de mi marido", me dijo Y con un suspiro. Ella vivía con su marido y sus dos hijos, y casi había llegado al final de las lecciones. Todo lo que le quedaba era terminar de ordenar las cosas de su cocina y almacenar otras del recibidor y del cuarto de baño. Ella había reducido mucho su propio material, y estaba muy satisfecha con su armario y una cómoda que sólo contenía las cosas que amaba. Pero el espacio de su marido, que era la mitad de una habitación con una superficie de ocho *tatami* (12 por 12 pies), que habían dividido en dos, había empezado a incomodarla.

"Yo lo veo lleno de basura", dijo. La reducida zona estaba llena de modelos de tanques, figuras del periodo de los Estados en Guerra de Japón y castillos en miniatura. Estaba muy lejos de ser el interior sencillo y natural al que Y aspiraba, pero en él pude apreciar que su marido tenía un sentido del orden, y que el sitio no estaba en absoluto revuelto.

"Él usa la mitad superior de la estantería y yo la inferior, pero cada vez que voy a sacar un libro y leo palabras como 'Estados en Guerra', salgo rebotada. Y sinceramente, no lo soporto".

No me parecía nada imparcial, así que le pregunté: "¿Tu marido nunca ha hablado contigo de las cosas que le interesan?"

"¿Por qué iba a hacerlo? Está claro que a mí me traen sin cuidado".

Decidí que hiciera un ejercicio. "Cuando a uno no le gustan las cosas de otra persona, la regla es no mirarlas ni prestarles atención. Pero si no puede evitar ver las cosas de su marido y estas le molestan, quiero que extienda la mano y las toque. Tome, por ejemplo, una de las figuras o pase ligeramente un dedo sobre la cubierta de un libro. No importa cómo, pero tóquelo y mírelo con atención por lo menos durante un minuto".

Cuando regresé para la siguiente lección, le pregunté cómo había ido el ejercicio. "Al principio no quería tocarlos, y pensaba que el ejercicio iba a ser insoportable. Pero, por extraño que parezca, cuando miraba un objeto durante más de un minuto, empezaba a pensar de una forma que nunca antes había pensado. Miraba un castillo en miniatura y pensaba: 'Mira las diminutas piezas de que está hecho', o tocaba una camiseta con el nombre de un famoso general y pensaba: 'Me pregunto qué sentirá él cuando la lleva puesta'. Al final, di las gracias a esas cosas por llevar felicidad a la vida de mi marido". El ejercicio había dado resultado.

Si no podemos evitar la vista de ciertas cosas, mirémoslas de frente. Comencemos por tocarlas. Si sólo hubiera mirado las cosas de su marido sin tocarlas, nunca habría sido capaz de verlas como algo más que juguetes. Pero una vez que las tuvo en sus manos, adquirían otra realidad. Una figura, por ejemplo, ya no era un samurái anónimo, sino el gran líder Takeda Shingen. Esto podía por sí solo reducir a la mitad la aversión que sentía hacia aquellos objetos.

Con todo, puede haber algunas cosas que no podamos ni tocar. En estos casos no conviene forzar a nadie. Para algunas personas, las fotos de insectos o un diorama de una película de zombis pueden ser cosas monstruosas. Si sabemos que sentimos una aversión innata hacia algo y no podemos ni verlo, no nos torturemos. Tampoco debemos tocar algo que otra persona considere un bien muy valioso o muy personal sin su permiso. **No tienen por qué gustarnos las cosas de otra persona. Pero hemos de ser capaces de aceptarlas.**

Mientras no nos pertenezcan, las cosas del resto de nuestra familia son parte de la casa en la que vivimos. Desde la perspectiva de la entidad mayor que es la casa, las cosas de uno y las de todos los demás son por igual cosas del hogar. Es muy importante entender esto. Aunque toda la familia viva bajo el mismo techo, la regla es que cada persona debe tener su propio espacio personal. Si cada cual tiene una zona claramente definida en la que sea libre de hacer lo que quiera, automáticamente evitará que sus cosas invadan los espacios de los demás. Si el espacio personal no está claramente definido, se perderá la percepción de los límites entre los espacios de almacenamiento, y las cosas se acumularán, lo cual hará difícil a personas y cosas disfrutar del hogar.

Otra regla es la de que, una vez que el espacio ha sido dividido, debemos pasar por alto la forma en la que otros utilicen su espacio. Al principio de este libro sugerí crear en el hogar el propio lugar de poder personal; los demás miembros de la familia también tienen sus propios lugares de poder. Y si otro miembro de la familia lo ordena, aunque sea un poco, hay que alabarlo, no criticarlo. El acto de ordenar es naturalmente contagioso, pero si intentamos forzar a alguien, sólo encontraremos una fuerte resistencia. Recordemos la fábula de Esopo sobre el viento del Norte y el sol: el viento no pudo volar la capa del viajero, pero el sol le hizo quitársela sólo con sus rayos. Es mucho más eficaz ser como el sol.

No forcemos a nadie a ordenar sus cosas si no quiere

Para decir toda la verdad, un día me contaron que una persona a la que ayudé a ordenar como parte de un programa de televisión salió rebotada de una manera espectacular. Aunque el programa se diferenciaba de mis lecciones regulares, ésta fue la primera persona a la que había ayudado a completar el proceso de ordenar que reaccionó de forma negativa. Esto no sólo me dejó preocupada, sino tan sorprendida que me costó un tiempo recuperarme.

Pero gracias a eso me di cuenta de que la culpa la tuvo mi orgullo. Tan segura estaba de que nadie que recibiera mis lecciones, no importa lo desordenada que estuviese su casa, reaccionaría de aquella manera. También me di cuenta de que yo suponía que todo el mundo se sentiría feliz de vivir en una casa limpia y ordenada. Más tarde supe que aquella persona era bastante feliz viviendo en un espacio desordenado.

"¿Cómo puedo conseguir que mi familia ordene sus cosas?" Ésta es una de las preguntas más comunes que me hacen. Pero cuando entrevisto a los que me preguntan y conozco a sus familias, por regla general hay muy poco que pueda hacer para ayudar a los demás miembros de la familia, porque no tienen un fuerte deseo de cambiar. Uno de mis libros favoritos es *El emocionante arte de no deshacerse de nada*, de Shinobu Machida (publicado por Gakuyosha Publishing Co., Ltd.). A Machida, un naturalista, le gusta coleccionar los envoltorios de chocolate y de *natto* (soja fermentada), y tiene miles de ellos. Y declara: "No me gustan las casas espaciosas en las que parece que nadie haya vivido", y ensalza la virtud de no desechar nada. Lo que a él le causa felicidad es el espacio en el que vive ahora mismo, que está lleno de cosas.

Naturalmente, el tipo de espacio habitable que alegre la vida a una persona depende de los valores que defienda esa persona en particular. No podemos cambiar a los demás. Y nunca debemos forzar a otra persona a ordenar sus cosas. Sólo cuando aceptamos sin condiciones a las personas cuyos valores difieren de los nuestros, podremos de verdad decir que hemos terminado de ordenar.

Cuando vivía con mi familia, ni una sola vez conseguí que nuestra casa reflejara la imagen del estilo de vida ideal que yo tenía. No sé cuántas veces suspiré viendo las habitaciones de mis hermanos, en las que había muchas más cosas que en la mía, o la zona del lavabo en el cuarto de baño, que siempre volvía a ser un caos a las pocas horas de poner orden en ella. Aunque me avergüenza admitirlo, yo estaba arrogantemente convencida de que mi familia no podía experimentar ninguna felicidad de vivir en semejante entorno. De hecho, las personas que eligen vivir de esa manera, a menudo están bastante contentas con sus vidas. Sentir lástima por ellas era perder energías.

Gracias a esta experiencia me di cuenta de que, cuando empiezo a juzgar a los demás, suele ser porque algo en mi propia vida necesita ser ordenado, se trate de mi habitación o de algún trabajo que he estado posponiendo. Esto se aplica no sólo a mí, sino a casi todas las personas que se sienten así, ya estén en plena tarea de poner orden o hayan terminado. Cuando las cosas de otros nos incomodan, el truco consiste en centrarse completamente en la tarea de ordenar el propio espacio. **Cuando de veras hayamos terminado de ordenar, sabremos qué es lo que queremos o lo que debemos hacer a continuación, y así no perderemos el tiempo quejándonos de los demás.** Cuando estoy cerca de concluir la tarea física de ordenar, también yo tengo que abordar este problema.

¿Qué debe uno hacer cuando ha terminado de ordenar completamente su espacio, pero el desorden que ve en su familia todavía lo irrita? Para atenuar sus sentimientos de frustración, le recomiendo dedicarse a limpiar.

Sólo hay tres pasos en la ocupación diaria de mantener el orden: devolver las cosas a su sitio, darles las gracias cada vez que se usen y cuidar bien de ellas. Luego viene la limpieza. Lo esencial es limpiar a fondo, empezando por el propio espacio personal. Una vez lo hayamos limpiado como entendamos que debe hacerse, podremos dedicarnos a los espacios comunes, como el vestíbulo y el cuarto de baño.

En lugar de esperar que los demás ordenen, pongamos toda la atención en ocuparnos de las cosas de la casa. Este proceso ayuda a eliminar la irritación. A medida que hacemos el trabajo, la casa estará visiblemente más limpia, y antes de que nos demos cuenta nos sentiremos más calmados y aliviados.

El paso siguiente es responder a la familia si, inspirada por lo feliz que lo ve a uno, empieza a mostrar interés por ordenar también ella. El momento de ofrecerle ayuda es cuando se ve emerger ese interés. Pero recuerda: sólo se está ofreciendo ayuda, y no hay que criticar los criterios de nadie sobre lo que produce felicidad ni tomar decisiones por otro. Reunir todas las cosas en un solo lugar y llenar todas las bolsas es muy laborioso. La razón por la que muchas personas no pueden empezar a trabajar aunque manifiesten el deseo de hacerlo es que esta tarea les parece enorme. Prestarles apoyo práctico, físico, es una manera eficaz de animarlas a dar ese primer paso.

Por supuesto, si quieren hacerlo por su cuenta, no hay que insistir en ayudar. Y si empiezan a hacer preguntas como:

"¿Crees que está bien deshacerse de esto?", la respuesta ha de ser afirmativa: "Claro que sí, no hay ningún problema".

Enseñemos a los niños a doblar su ropa

Una vez que hayamos terminado completamente de ordenar, hay otra cosa útil que podemos hacer y es enseñar a los que siempre han evitado este trabajo a doblar su ropa. El dominio de la tarea de doblar la ropa puede determinar que una persona mantenga o no su motivación para ordenar.

Mientras que la capacidad de identificar las cosas que amemos tomándolas en las manos sólo puede perfeccionarla la experiencia, doblar la ropa es una habilidad que podemos adquirir con mucha más rapidez si alguien nos enseña a hacerlo. Esto se cumple igualmente cuando se enseña a los niños a ordenar.

"Mis hijos lo dejan todo revuelto. Esto me pone enferma..." Los clientes que dicen cosas como ésta suelen estar tratando de enseñar a sus hijos a guardar sus juguetes como un primer paso en su formación para saber ordenar, pero este es el sitio equivocado para empezar. Los juguetes son muy difíciles de clasificar debido a su gran variedad de formas y materiales. Esto hace que su almacenamiento sea una tarea bastante compleja. Además, los niños no juegan todos los días con los mismos juguetes o de la misma manera. Por lo tanto, ordenar los juguetes es algo demasiado avanzado para principiantes.

Pero clasificar la ropa es relativamente fácil, y además solemos llevar a diario la misma clase de prendas. Una vez que los niños han aprendido a doblarlas, es fácil para ellos guardar su ropa en el sitio apropiado. Esta categoría es, pues, la más fácil para la formación de los niños. Y lo mejor de todo es enseñarles a expresar agradecimiento a su ropa mientras la doblan, porque con ello no sólo les enseñamos la necesidad de ordenar las cosas después de usarlas, sino también la esencia misma del orden. Por esta razón, saber doblar la ropa es una habilidad esencial para que niños y adultos entiendan el orden.

"Me puse a doblar la ropa junto con mi familia y todos nos lo pasamos en grande". Ésta es la respuesta más frecuente a mis demostraciones al respecto en la televisión. Esta tarea es entretenida. Fomenta la comunicación y es una forma de empezar a ordenar la casa. Que la familia le tome o no gusto a la tarea de ordenar depende de uno, y espero que quien me lea se divierta llevándola a cabo junto con su familia.

Si fracasamos, no nos preocupemos, que la casa no va a explotar

Recientemente empecé a aprender a hacer pan. Una de mis clientas regenta un café, y el pan que sirve es exquisito. Estaba ya deseando saber hacer un pan así cuando me enteré de que ella daba clases. Enseguida me apunté.

Sus clases, que me recuerdan los experimentos científicos, son fascinantes. Después de aprender los conceptos básicos sobre la manera de hacer el pan, alteramos diferentes partes del procedimiento, como el tiempo de crecida de la masa, y comparamos los resultados. Esto significa que acabamos comiendo una gran cantidad de delicioso pan. Nuestra profesora nos explica los cambios que se producen en los ingredientes y la razón de que se obtengan diferentes sabores y texturas para que podamos entender cómo es el proceso. Escogemos las variedades que más nos gustan entre los diversos experimentos e intentamos reproducirlas en casa, y en la lección siguiente referimos lo que hemos aprendido con comentarios de la profesora. Tras haber pasado mi vida dedicada a enseñar a poner orden en las casas sin haber jamás horneado pan, confieso que me ponía nerviosa con cada detalle.

Un día, todos los participantes, yo incluida, nos lanzamos a hacer preguntas y manifestar nuestras dudas.

"Aquí dice que cuando se añade puré de verduras, la cantidad no debe ser mayor del 20 por ciento, pero quiero un verdadero pan de zanahoria. ¿Puedo añadir un poco más?"

"No sé cuándo debo dejar de amasar".

"Siempre espero demasiado tiempo a que la masa suba".

Nuestra profesora respondió pacientemente a todas nuestras preguntas. Y cuando terminó, dijo sonriendo: "No se preocupen, que nada va a explotar".

Estas palabras fueron una revelación. Me había puesto un nivel tan alto, que me quedaba petrificada con la idea del fracaso aun antes de empezar. El pan se hace con una mezcla de harina, agua y levadura que luego se pone a cocer. Si se siguen las reglas básicas, el pan recién horneado será casi siempre delicioso, y aunque se cometa un error, no ocurrirá ningún desastre. No tenía por qué estar tan tensa, cuando lo único que tenía que hacer era hornear el pan como se hornea cualquier otra cosa. La profesora nos animaba a disfrutar de la experimentación, y todos podíamos encontrar nuestro tipo de pan preferido. Después de todo, cada persona tiene sus propias preferencias respecto al tipo de harina, el tiempo de cocción, etcétera.

Lo mismo ocurre con el orden. Cuando, después de mis lecciones, viene la hora de las preguntas, muchas personas levantan la mano.

"Hay un armario en el recibidor. Allí guardo mis abrigos y bufandas, porque puedo sacarlos fácilmente cuando voy a salir. Dígame si debo o no hacer esto, porque estoy guardando ropa en más de un lugar."

Mi respuesta es mantenerlos en el recibidor. Obviamente, esa ropa ha sido clasificada en la categoría de "cosas para ponerse antes de salir de casa", y por lo tanto almacenar allí esa ropa no es dispersarla.

"Usted ha dicho que no debemos dejar que nuestras familias vean lo que tiramos, pero cuando estoy ordenando con mi marido, él me dice qué cosas no me sientan bien o qué otras no uso nunca. Encuentro útiles sus comentarios, y es mucho más divertido hacerlo juntos. Pero ¿debo dejar de hacerlo con él para así poder comunicarme con mis cosas en silencio?"

Una vez más, mi respuesta es continuar así. Mientras ella no siga ningún consejo que no le traiga felicidad, no hay problema. La única cosa que ha de tener presente es esta: la cuestión no es de qué decida deshacerse, porque al cabo es solamente ella la responsable de su decisión.

"¡No puedo hacerlo!", exclamó recientemente una clienta. "Puedo doblar mis calcetines y mi ropa interior, pero cuando se trata de chaquetas y suéteres, me digo: ¡Olvídalo! Sólo uso los ganchos. ¿Hay alguna otra manera de usarlos?" Colgarlas está muy bien. Pero como para eso hace falta más espacio, puede que tenga que compensar el espacio ocupado usando ganchos más finos si las prendas que piensa colgar son muchas.

En estos ejemplos se puede ver que todos mis clientes encuentran sus propias maneras de ordenar, pero, como quieren hacer lo "correcto", siempre tienen miedo de hacerlo mal. Pero yo les aseguro que lo que hacen está bien. Y aunque cometan algún error, la casa no va a explotar. El primer paso es deshacerse de cualquier suposición y seguir las reglas básicas. Una vez hecho esto, se podrá disfrutar mucho más de la tarea de ordenar si esta se ajusta a los puntos más delicados del propio y personal sentido de lo que produce felicidad. Esto también permitirá concluir el festival del orden en un tiempo más breve.

¿Disfrutamos de nuestro festival o la tarea de ordenar se nos ha convertido en un objetivo que hay que alcanzar a toda costa, de forma que esa tarea acaba pareciendo una peniten- cia y la sola idea de ordenar las cosas nos resulta estresante? ¿Empezamos a sentir que no seremos capaces de pasar a ha- cer otras cosas hasta que no terminemos de ordenar? Cuando me encuentro con personas que se sienten así, me acuerdo de mí misma cuando era estudiante de secundaria y estaba tan obsesionada con el orden que tenía ataques de nervios.

Si esto es lo que se siente, es imprescindible tomarse un descanso. Suspender la labor y centrarse en valorar las cosas que se tienen. Hacer una pausa para decir "gracias" a la ropa puesta, a la pluma o al ordenador, a la vajilla, a los edredones, al cuarto de baño y a la cocina.. Todas las cosas de nuestra casa sin excepción desean hacernos felices. Una vez que sea- mos conscientes de que están ahí para protegernos y apoyar- nos, y de que en ese momento tenemos las suficientes, podremos reanudar la tarea de ordenar.

Los que disfrutan de su maratón del orden son los que ganan. Si hemos entendido perfectamente los conceptos bá- sicos, sigamos adelante y tomemos nuestras propias decisio- nes guiados por el sentimiento de felicidad. A mi manera de fabricar el pan todavía le queda en este punto un largo camino por recorrer. Con frecuencia me olvido de un ingrediente, me paso demasiado tiempo amasando, o me duermo mientras la masa sube. Pero me divierte, y por eso sé que estoy obligada a seguir hasta el final.

Las cosas que nos producen felicidad absorben preciosos recuerdos

A medida que continuaba enseñando a mis clientes a ordenar sus hogares, la gente comenzó a llamarme "profesora". Hace mucho tiempo llegué al punto en el que tenía la cantidad justa de cosas para vivir, y después de haber permanecido fiel a mi sentido de la felicidad y practicar las reglas de mi oficio, mi armario nunca se encuentra atestado de ropa, ni mis libros acaban apilados sobre el suelo. Naturalmente, me compro ropa nueva y otras cosas, pero también me deshago de las que ya han servido a su propósito. En consecuencia, nunca me veo inundada de cosas, y, segura como estoy de que puedo cuidar de ellas, me siento muy bien en mi relación con las cosas. Sin embargo, hasta hace poco sentía que me faltaba algo. Parecía que había algo que mis clientes habían descubierto cuando ordenaban que yo aún tenía que encontrar.

Entonces, no hace mucho tiempo, fui a contemplar con mi familia la flor del cerezo por primera vez en quince años. Me hallaba algo bloqueada en mi trabajo, y de pronto decidí llamarles y proponerles salir a ver los cerezos. No fuimos a ningún lugar especial, sólo a un pequeño parque cercano a mi casa. El hecho de que no sea muy conocido hace que sea un lugar estupendo para contemplar la flor del cerezo. Los árboles estaban en plena floración, pero nadie se había detenido allí para extender un mantel de pícnic, por lo que todos ellos se ofrecían sólo a nuestros ojos.

A pesar de lo repentino de mi propuesta, mi madre había preparado un pícnic, y mi hermana y yo nos comportamos como niñas ilusionadas. Al desenvolver y abrir la caja con el almuerzo, encontramos *onigiri* envuelto en *nori* relleno de ciruelas escabechadas y salmón a la parrilla, pollo frito, un plato de boniato y tomates cherry rojos y amarillos. Aunque el menú era limitado, estaba envuelto con tan amoroso cuidado que me llegó al corazón. La visión de los alimentos tan bien dispuestos excitó al monstruo del orden que hay en mí, y no podía dejar de compararlo con el ejemplo perfecto de un cajón bien organizado.

Pero eso no fue todo. Mi madre abrió otro paquete y extrajo una botella de *amazake* de tonos rosados, bebida a base de arroz dulce fermentado, y unos pequeños vasos de color rosa decorados con la flor del cerezo. Cuando los llenamos de *amazake*, parecía que los cerezos florecían en aquellos vasos. "¡Qué hermosura!". Las flores que yo veía aquel día con mi familia eran las más bonitas que había visto jamás.

Cuando regresé a mi casa, algo de mi apartamento parecía diferente. Nada había cambiado desde que lo dejé el día anterior. Todavía era el lugar que me encantaba, lleno de cosas que me alegraban la vista, dispuestas todas en el sitio que les correspondía. En ese momento me vino a la mente una imagen de los vasos decorados con la flor del cerezo que habíamos utilizado. Y finalmente comprendí. Los vasos que mi madre había escogido me mostraron algo precioso que me estaba perdiendo: **quería vivir mi vida de una manera que colorease mis cosas con recuerdos.**

Los vasos eran una expresión del amor y el afecto de mi madre, escogidos con el deseo de hacer aquel día especial para todos, aunque fuera un poco. Había visto muchas veces esos vasos en nuestra casa y siempre había pensado que eran bonitos, pero en aquel momento se habían transformado en "esos vasos especiales que mi madre llenó de *amazake* cuando fuimos a ver las flores". Me di cuenta de que el valor de las cosas con las que he pasado horas preciosas yo sola no se puede comparar con el valor de las cosas que son portadoras de preciosos recuerdos de un tiempo compartido con otras personas.

Mi ropa y mis zapatos preferidos son especiales, y los uso constantemente, pero no pueden competir con las cosas que han quedado impregnadas de recuerdos de las personas a las que quiero. Me di cuenta de que lo que realmente había deseado era estar con mi familia. En comparación con la cantidad de tiempo que pasé con mis pertenencias, conmigo misma y con mi trabajo, había pasado mucho menos tiempo tratando a mis seres queridos. Por supuesto, seguiré valorando el tiempo que esté a solas. Pero la finalidad de este aislamiento es educarme para saber disfrutar de momentos plenos con mis seres queridos y así contribuir aún más a la felicidad de las personas que tengo a mi alrededor.

Si los vasos hubieran sido corrientes y sin decoración alguna, todavía me acordaría de la bebida que mi madre había llevado, pero dudo de que me acordara de los vasos. Los objetos que han quedado impregnados de recuerdos llevan una huella mucho más clara de los momentos especiales. Los objetos impregnados de recuerdos evocan en nuestra mente el pasado con una claridad cristalina. Y los objetos que nos producen felicidad tienen una mayor capacidad para absorber nuestros recuerdos. Cuando esos vasos finalmente se rompan, como algún día sucederá; cuando hayan cumplido su función y llegue el momento de darles las gracias y despedirme de ellos, sé que habrán dejado grabada para siempre en mi corazón la imagen de nuestro pícnic contemplativo junto a los cerezos florecidos.

Nuestras cosas forman parte de nosotros, y cuando se han ido, dejan tras de sí recuerdos eternos.

Mientras mi relación con mis pertenencias sea sincera y conserve sólo aquellas que amo; mientras las ame todo el tiempo que estén conmigo y trate conscientemente de hacer mis momentos con ellas tan preciosos como me sea posible, cada día me darán calor y felicidad. Esta certeza hace que mi corazón se sienta mucho más ligero.

Por eso insisto una vez más: hemos de terminar de ordenar las cosas tan pronto como podamos para poder vivir el resto de nuestra vida rodeados de las personas y las cosas que más queremos.

Epílogo

A los quince años, después de haber respondido a mi llamada vocacional, me pasaba cada día ordenando no sólo mi habitación, sino prácticamente todos los sitios de nuestro hogar, desde las habitaciones de mis hermanos hasta la cocina, la sala y el cuarto de baño. Como cuento esta historia dondequiera que voy, muchas personas dan por sentado que nuestra casa estaba muy ordenada, pero me temo que esto está lejos de ser cierto. Incluso después de publicar mi primer libro, nada cambió allí.

Pero un día recibí el siguiente e-mail: "Querida KonMari, por favor, enséñame a ordenar".

Siempre doy prioridad a los clientes que han reservado una lección, pero cuando vi el remitente decidí renunciar a unas vacaciones que tenía planeadas y hacer un hueco en mi agenda.

La persona que me hacía el ruego de recibir mis lecciones era ni más ni menos que mi padre.

Por aquel entonces, él estaba usando la habitación que solía ocupar yo, de una superficie de seis *tatami* (9 por 12 pies), con un único armario y una estantería prefabricada. Era pequeña, con sólo una cama y una mesa, aunque para mí era un paraíso. La mantuve muy limpia, fregando el suelo cada noche antes de irme a la cama.

Pero cuando fui a allí la encontré completamente cambiada. Lo primero que vi al abrir la puerta fue un perchero delante del armario que bloqueaba completamente una de sus puertas. Sobre el suelo había una caja de cartón llena de raciones de alimentos de emergencia para ser utilizados en caso de desastre, y al lado un conjunto de dos grandes cajones de plástico llenos de productos de limpieza y demás cosas. Una pila de revistas se erguía delante de la estantería, y lo peor de todo: una pantalla plana colocada encima de la vieja televisión analógica en una atrevida disposición TV sobre TV.

Para asegurarme de que no haya malentendidos, diré que mi padre en realidad disfrutaba de la limpieza y la decoración de interiores, y suele ser bastante consciente de la necesidad de mantener las cosas ordenadas. Pero la única cosa que no se atrevía a hacer era tirar cosas. Anunció a mi madre que no iba a tirar ninguna de sus ropas hasta que se muriera, y durante diez años había resistido tenazmente mis impulsos reductores. Sólo cuando llegó a estar tan ocupado en su trabajo que ya no tenía tiempo para ordenar sus cosas todos los días, se vio obligado a admitir que su habitación era un desastre, y finalmente decidió hacer algo al respecto.

Así comenzaron las lecciones que le impartí a mi padre. Empezamos, como de costumbre, reuniendo toda su ropa en un único sitio, y parecía que la cantidad de prendas era ilimitada. Había montones de ropa con las etiquetas todavía puestas, incontables piezas de ropa interior en sus envoltorios de plástico, chaquetas nunca usadas y de cuya existencia se había olvidado, y montañas de polos con exactamente el mismo diseño. Su reacción fue la típica: "Pero ¿cómo puedo tener tantas cosas?" A continuación pasamos a tomar cada pieza y seleccionar sólo aquellas que le alegraba ver. Me dio una sensación extraña ver a mi padre examinar sus pertenencias una por una y tomar decisiones. Algo vacilante decía: "Esto me alegra verlo", "a esto le estoy agradecido" y "lo siento, no pude usarte". Durante los dos días siguientes arreglamos sus cosas en el orden correcto: ropa, libros, papeles, *komono* y objetos de valor sentimental. Después de clasificarlas de esta manera y deshacernos de veinte bolsas llenas de cosas, abordamos el baño y los espacios comunes. Concluimos con una lección sobre el almacenamiento.

Al final, la habitación de mi padre parecía un mundo completamente diferente y muy alegre. Todo menos su cama y el televisor había sido desalojado, y el piso de madera volvía a ser visible. La estantería sólo contenía los libros y los CDs que amaba, y un estante, ahora prácticamente vacío, albergaba un adorno de cerámica que mi hermana menor había hecho en el colegio cuando estaba en secundaria y las figuritas de una banda de jazz que él había comprado por correo. Como toque final, colgó un cuadro que hasta entonces había permanecido recluido en el armario, y toda la habitación era luminosa y atractiva, como un modelo de interiorismo.

"Me decía que un día llegaría este momento; que lo haría la semana siguiente con seguridad", dijo mi padre. "Me siento muy aliviado de que finalmente lo haya hecho. Cuando uno se pone en serio a la tarea, es increíble la transformación que puede conseguir en sólo dos días". Percibiendo el tono de satisfacción en su voz, me di cuenta de que aquella había sido una manera estupenda de demostrarle mi amor. Incluso alguien como mi padre, que había evitado ordenar nada durante toda una década, podrá hacerlo rápidamente si se concentra en la labor, y luego advertir la repercusión que ello tendrá en su vida.

Colofón: Preparando la siguiente etapa de la vida

"Había leído todo sobre el modo de ordenar completamente la casa, pero nunca empecé porque me parecía demasiado trabajo... Cuando finalmente me comprometí, el trabajo fue aún mayor de lo que esperaba. Tenía muchas cosas, y estaba muy ocupada. Tardé un año entero. Me pasé todos mis días de vacaciones ordenando... El otro día por fin acabé. Terminé de ordenar mis fotos y otras cosas pendientes de una vez... Me siento como si hubiera vuelto a nacer. Dondequiera que mire, todo lo que veo son cosas que me alegran la vista. Siento una especie de ternura hacia todo lo que ocupa mi vida, y te estoy sumamente agradecida".

Cuando recibo cartas como esta, mi mente se llena de imágenes del futuro de quienes me las envían conforme avanzan hacia la siguiente etapa de sus vidas. Al vivir conscientemente en un hermoso espacio, serán capaces de abandonar cualquier hábito que siempre hayan deseado dejar atrás para ver con claridad lo que realmente desean alcanzar y hacer lo necesario para lograrlo.

Ordenar una casa es ordenar la vida y prepararse para una nueva etapa. Una vez que se ha vivido de forma plena la etapa actual, la siguiente vendrá de manera natural. Yo ordené mis cosas durante mis años universitarios. Desde entonces siento que he sido capaz de dar la bienvenida a cada nuevo acontecimiento de mi vida y afrontar todo lo que me venía.

La etapa más reciente de mi vida comenzó en la primavera de 2014, cuando me casé. Tener mi propia familia me está ayudando a ver las cosas desde una nueva perspectiva. Por un lado, estoy aprendiendo que las reglas implícitas de la familia difieren de un hogar a otro, y que los métodos de almacenamiento que había supuesto evidentes necesitaban ser expuestos y explicados adecuadamente. Cuando estaba soltera, mi casa sólo contenía cosas mías, pero ahora comparten espacio con cosas de mi marido. Y quiero cuidar de las suyas tanto como de las mías.

Con este pensamiento en la cabeza, hasta hace poco pasamos los dos un tiempo ordenando la casa. No tuvimos que hacer toda una campaña, ya que, por la naturaleza de mi trabajo, la tarea se me redujo al mínimo, y el estilo de vida de mi marido es tan austero que sus pertenencias sólo llenaban cuatro cajas de cartón cuando se mudó. Únicamente hubo una lección sobre el modo de doblar y guardar la ropa.

Le expliqué cómo debía doblar cada tipo de prenda, cómo almacenar algunas en posición vertical y cómo colgar otras en orden ascendente hacia la derecha. Charlábamos mientras trabajábamos. Hasta entonces, yo había creído que lo mejor era que cada persona realizara separadamente la tarea de ordenar sus propias cosas, pero tras aquella experiencia me di cuenta de que puede ser útil que la familia participe cuando ordenamos nuestras pertenencias. El proceso de ordenar parece ahondar en las relaciones no sólo entre nuestras cosas y nuestra casa, sino también entre nuestras cosas y nosotros mismos y entre nosotros mismos y nuestra familia.

Al reflexionar sobre la naturaleza de estas relaciones, me vino la idea de que los japoneses han tratado las cosas materiales con especial cuidado desde tiempos muy antiguos. El concepto de *yaoyorozu no kami*, literalmente "ochocientos mil dioses", es un ejemplo. Los japoneses creían que los dioses estaban presentes no sólo en fenómenos naturales del mar y la tierra, sino también en los fogones, e incluso en cada grano de arroz, y por lo tanto, también debían tratar estas cosas con respeto. Durante el periodo Edo, de 1603 a 1868, Japón parece haber tenido un sistema de reciclaje bien organizado y exhaustivo para asegurar que nada se desperdiciara. La idea de que cada cosa está infundida de algún espíritu parecería estar grabada en el ADN japonés.

Hay tres facetas del espíritu que mora en las cosas materiales: el espíritu de los materiales de que están hechas las cosas, el espíritu de la persona que las ha hecho y el espíritu de la persona que las usa. El espíritu de la persona que ha producido algo tiene un efecto especialmente potente en la personalidad de lo producido. Por ejemplo, el material de este libro es papel. Pero no es cualquier papel. Es papel impregnado de mi ardiente deseo de que los lectores intenten ordenar su casa y de mi afán de ayudar a los que quieran vivir una vida en un ambiente que les infunda felicidad. La intensidad de estos sentimientos flotará en la atmósfera de su hogar aun después de haber cerrado el libro.

Pero al cabo son los sentimientos de la persona que utiliza un objeto y la forma en que lo trata lo que determinará la clase de aura que este tenga (en japonés es *kuki-kan*, literalmente "aire envolvente"). La luz que irradia este libro, la presencia que haya en él, dependerá de quien lo posea y su forma de tratarlo, de si lo lee o simplemente lo ha comprado para no leerlo nunca. Esto es así en todas las cosas, no sólo con este libro: la mente determina el valor de todo lo que se posee.

Hay una expresión que últimamente me viene a la mente cuando trabajo con mis clientes, y es *mono no aware*. Este término japonés, que literalmente significa el "*pathos* de las cosas", refiere la emoción profunda que en nosotros provoca la naturaleza, el arte o la vida de otros acompañada de la conciencia de su transitoriedad. También refiere la esencia de las cosas y nuestra capacidad de percibir esa esencia. Conforme mis clientes avanzan en el proceso de ordenar sus cosas, noto un cambio en sus palabras y en sus expresiones faciales, como si ellos estuvieran afinando su capacidad de sentir el *mono no aware*.

Uno de mis clientes, por ejemplo, dijo mientras miraba una bicicleta que había querido y utilizado durante años: "¿Sabes una cosa? Acabo de darme cuenta de que esta bici ha sido una compañera en mi vida".

Y otro cliente me dijo con una sonrisa: "Hasta mis palillos de cocina son ahora cosas muy queridas". Las personas no sólo cambian sus sentimientos hacia las cosas materiales. También son capaces de dilatar y sentir físicamente los cambios de estación, y se vuelven mucho más afectuosas con ellas mismas y con sus familias.

Creo que cuando ordenamos nuestras cosas y fortalecemos nuestros lazos con ellas, renace en nosotros esa delicada receptividad al *mono no aware*. Redescubrimos nuestra capacidad innata de apreciar las cosas que aparecen en nuestras vidas y recuperamos la conciencia de que nuestra relación con el mundo material es de mutuo apoyo.

Quien se sienta continuamente ansioso y no sepa bien por qué, que pruebe a ordenar sus cosas. Que las sostenga entre las manos y se pregunte si lo hacen feliz. Luego que acaricie aquellas que desea conservar con la misma delicadeza con la que toca su propio cuerpo, y todos los días de su vida se llenarán de felicidad.

Agradecimientos

Mi travesía por el país del orden comenzó cuando tenía quince años. En un momento dado, pensé que estaría dando lecciones privadas toda mi vida, pero por el camino mi idea de enseñar a ordenar cambió. Ahora tengo dos aprendices y he creado una asociación nacional para formar asesores.

Además, mi libro sobre *La magia del orden* ha sido traducido y publicado en más de treinta y cinco países de todo el mundo. La respuesta del público ha superado con creces mis expectativas. No sólo me siento eufórica, sino también muy sorprendida de que el Método KonMari, que evolucionó a partir de mi obsesión por el orden, se extendiera por todo el mundo. Aún más sorprendida me quedé de que un artículo del *New York Times* hablara de mí, y de recibir mensajes de personas residentes en el extranjero. Espero visitar una serie de países para difundir el Método KonMari, y realizar una encuesta internacional sobre el orden en los hogares.

Como ya mencioné brevemente, mi matrimonio supuso un importante cambio en mi vida. Gracias a mi marido, que es demasiado bueno en las tareas del hogar, dispongo de más tiempo para dedicarme a mi pasión. Como el monstruo del orden que me considero, esto nos mantiene a los dos ocupados y felices.

Para terminar, quiero aprovechar la ocasión para expresar mi profunda gratitud a las muchas personas sin cuya colaboración y apoyo este libro nunca habría sido posible. Mi agradecimiento a Cathy Hirano, que lo tradujo al inglés; al equipo de la editorial estadounidense Ten Speed Press/Crown Publishing, especialmente a Lisa Westmoreland, Betsy Stromberg, Daniel Wikey, Hannah Rahill, Aaron Wehner, David Drake y Maya Mavjee; a mis agentes Neil Gudovitz y Jun Hasebe; y al equipo de la editorial japonesa Sunmark Publishing, en particular a Nobutaka Ueki, Tomohiro Takahashi, Ichiro Takeda y Shino Kobayashi.

También estoy muy agradecida a cada uno de mis lectores por escoger este libro y leerlo. Muchísimas gracias a todos.

MARIE "KONMARI" KONDO

Marie Kondo es la fundadora del muy elogiado método KonMari y autora del libro *La magia del orden*, número 1 en la lista de bestsellers de *The New York Times*. Traducido a treinta y cinco idiomas y con seis millones de ejemplares vendidos en todo el mundo, ha dado origen a un programa de televisión. También es autora del diario *Life-Changing Magic: A Journal*. Su famosa empresa de consultoría con sede en Tokio ayuda a los clientes que recurren a ella a transformar sus hogares desordenados en espacios para la serenidad y la inspiración. Su nombre ha estado presente en los diarios *Wall Street Journal*, *Atlantic*, *The New York Times* y *USA Today*, así como en el programa *Today*, y la revista *Time* la ha elegido como una de las cien personas más influyentes del mundo. Actualmente vive en Tokio con su marido y su hija.